JESSICA B. GILLOOLY, Ph.D.

CLAVES PARA HABLAR DE LA MENSTRUACIÓN CON TU HIJA

longseller

JESSICA B. GILLOOLY, Ph.D.

CLAVES PARA HABLAR DE LA MENSTRUACIÓN CON TU HIJA

longseller

Título original: BEFORE SHE GETS HER PERIOD
Foto de tapa: Laura Kovensky
Traducción: Mariana Suárez Vicario
Diagramación interior: Yanina Siccardi
Corrección: Delia N. Arrizabalaga

© 1992 Barron's Educational Series, Inc.
© 2001 Errepar - Longseller S.A.
Avda. Corrientes 1752
(1042) Buenos Aires - República Argentina
Internet: www.errepar.com
E-mail: libros@errepar.com

ISBN 950-739-928-3

Queda hecho el depósito que marca la ley 11723

Impreso y hecho en la Argentina
Printed in Argentina

Esta edición se terminó de imprimir en los talleres de Longseller,
en Buenos Aires, República Argentina, en enero de 2001.

Agradecimientos

Tengo una inmensa deuda de gratitud con mi hija Heather y mi esposo Greg, por el impulso inicial, el continuado apoyo, los sacrificios reiterados y sus prácticas palabras finales: "Nos haremos cargo de todo en la casa, ¡tú termina el libro!". Sin la actitud amorosa de Heather, su enorme paciencia y el vivaz estilo con que encara la vida, yo nunca hubiese comenzado. Sin las afectuosas palabras de aliento de Greg, su confianza en que yo podría escribir este libro y su ayuda a cada paso, no hubiera concluido la obra. Les estaré agradecida para siempre a los dos por permitirme el privilegio de escribir y esforzarme hasta finalizar mi primer manuscrito: fue una bendición.

A Linda Pillsbury, que dedicó innumerables horas a la lectura de tantos borradores, que vio un libro entre las muchas páginas, cuya paciencia fue extraordinaria y que no me abandonó como probablemente lo hubiera hecho cualquier otro editor, mi sincero agradecimiento. Es una mujer dotada para dirigir, estimular y ser amiga.

Agradezco a mi querida amiga Wanda Johnson, que inició este proyecto conmigo hace muchos años en nuestras clases de Psicología Femenina. Eso fue mucho antes de que pensáramos en un libro como el medio para compartir las maravillosas historias que estábamos leyendo. Sus percepciones, su risa, su decisiva entrega a este proyecto y el compromiso con nuestros veinte años de amistad significan más de cuanto puedo expresar. Y a Briana, su hija, un agradecimiento especial por compartir conmigo su madre, su historia y sus años de desarrollo.

A todas las personas que escribieron sus historias íntimas y las compartieron con confianza, les estoy sinceramente agradecida. La mayoría de las historias que leí no se publican en este libro, porque el espacio no lo permitió. Todas ustedes, estén en el libro o no, inspiraron la idea de esta obra singular. Mediante sus percepciones bellamente escritas acerca de las emociones y los pensamientos sobre la menstruación, se convirtieron en las maestras y yo en la alumna. Gracias a ustedes.

Siguen los nombres verdaderos de las personas cuyas historias aparecen en este libro. Todas fueron escritas como un informe confidencial y luego cada uno dio su permiso para la publicación. Sus nombres se dan en orden alfabético, no en el orden en que aparecen las historias en el libro: Carol Crnic, Tom DeCarlo, Susan Dutra, Heather Gillooly, Josephine Huber, Briana Johnson, Cara Johnson, Amy Karlstrom, Suzzane Kelleher, Jennifer Ko, Robert Lee, Sylvia Leick, Antonio López Jr., Daniel Martin, Sian Leong-Nichols, Ingrid Muller, Janie Neal, Gregory Parrillo, Heidi Oljnik, Shelby Peak, Sonia Rahmati, Josephine Ragusa, Sydney Schaub, Ann Lythans Standby, Michelle Verkh, Elena White, Elizabeth Wood, Wendy Woodall, Jim Woodhead y Julie Woodhead.

Deseo agradecer a las personas que leyeron críticamente el manuscrito e hicieron valiosos comentarios y sugerencias: la doctora Kim Bader, Maggie Freed, Carol Glazer, Kathy Kobayashi, Cindy Rose, Denise Seider, Lindsay Sipple, Sharon Sipple, Jefferson C. Stephens, Jr., doctora Pamela Wald, la doctora Carol Walker, Gail Wetmore, la asistente social Cynthia Whitam y Connie Woodhead.

Un agradecimiento especial a Laura Golden Bellotti, editora del manuscrito. Su talento, intuición y capacidad para entender lo que yo estaba tratando de decir y ayudarme a expresarlo con claridad, son notables. A Jean Barbaro, dactilógrafa, que se unió a este equipo cuando fue el momento de "tipearlo y concluirlo", gracias.

Aprecio la continuada aceptación de mis distintos proyectos por parte de mi madre y mi padre, así como su amorosa ayuda con mis responsabilidades familiares, que me permitió escribir. Mi gratitud hacia dos amigos extraordinarios, Kathryn Gentry y Bart Edelman, siempre dispuestos a brindar apoyo emocional y prudentes consejos en cada etapa del proceso.

Introducción

Mientras escribía este libro, rara vez me encontré con una mujer que no recordara su primera menstruación. Entre ellas incluyo a mi abuela, de 101 años, que en cuanto le mencioné que estaba escribiendo sobre el tema, me comentó sus propios recuerdos. Las mujeres están dispuestas a contar su historia personal sobre la menstruación, porque son esas historias las que nos relacionan.

Cuando abordé a chicas jóvenes, al principio se mostraron poco dispuestas a compartir su experiencia, pero al estimularlas un poco me contaron acerca de sus sentimientos al comenzar sus períodos. Para mi sorpresa, las historias de chicas y mujeres de todas las edades tenían un tema en común: hubieran necesitado más información sobre la menstruación antes de iniciar su primer período. Incluso las chicas que daban a entender que ni querían ni necesitaban esas charlas sobre la menstruación, luego se dieron cuenta de lo valiosas que habían resultado esas conversaciones. Cuanto más exacta era la información que obtenían, menores eran los temores y ansiedades que experimentaban.

El mejor modo para que su hija aguarde con confianza el día del comienzo de su período es que usted empiece a charlar con ella cuando todavía es pequeña. Usted puede reducir sus temores y ansiedades y fortalecer su confianza en sí misma y la aceptación de la madurez de su cuerpo, con charlas abiertas sobre las maravillas de la maduración y la menstruación. A muchos padres les resulta más problemático conversar acerca de las emociones que acompañan a la menstruación, que tratar el tema de los cambios físicos, pero nuestras hijas pequeñas necesitan desesperadamente tanto la descripción de los cambios físicos como que las guiemos en lo emocional.

Usted se sentirá bien preparada para esas tareas si lee los capítulos con sus historias y lleva a cabo al menos algunas de las sugeridas "cosas para hacer" y "cosas para pensar". Si ya han comenzado las charlas sobre la menstruación, el libro proporcionará otras sugerencias y actividades adicionales mientras se sigue conversando. Si aún no han comenzado, el libro ayudará a iniciarlas, porque ahora es el momento de empezar a hablar con la niña.

Hay otra razón para empezar las charlas con una hija mientras es pequeña. Son esas conversaciones previas sobre la menstruación las que fomentan la comunicación entre su hija y usted. Las charlas con la niña pequeña, sobre los aspectos físicos y emocionales de la menstruación, preparan a ambas partes para los temas más profundos y sensibles que siguen, tales como las salidas con muchachos, los enamoramientos, las heridas de amor y la expresión de la propia sexualidad.

Si se piensa que la niña es demasiado pequeña para empezar a hablarle de la menstruación, tal vez se deba hacer una reconsideración. Prepararla podría ahorrarle muchísima ansiedad.

"No creía que les sucediera a las niñitas"
Rebeca, 21 años

Antes de los diez años, pensaba que la menstruación era algo que tenía mi madre, como una enfermedad o un mal pasajero. Sabía que me tocaría eso en el futuro para poder tener bebés. Mis padres nunca hablaban de la menstruación conmigo y yo no preguntaba. Yo creía que las mujeres no la tenían hasta que se casaban.

Pero durante el verano de mi décimo año, cambió todo mi concepto de la menstruación. Mi mejor amiga,

Mariana, que tenía nueve años por entonces, había venido a nadar a mi casa. Después de nadar, estábamos sentadas en el piso de mi dormitorio, en traje de baño, jugando Monopolio. Mariana se incorporó por alguna razón y entonces vi una oscura mancha de sangre en el piso donde ella había estado sentada. Al principio, las dos nos quedamos en silencio. Luego me asusté mucho, empecé a llorar y llamé a mi madre. Yo conocía el asunto del período, pero no tenía idea de cómo se lo veía. Por cierto, no pensaba que se les presentara a las niñitas de sólo nueve años.

Mariana se calmó cuando vino mi madre. Se mantuvo serena todo el tiempo. Cuando vinieron sus padres a buscarla, ella corrió y se lo contó con entusiasmo a su madre. Los padres de Mariana debían haber hablado de la menstruación con ella, de modo que estaba preparada.

Mis padres quedaron impresionados por el hecho de que una chica de nueve años pudiera tener su primer período. Lamentaron no haberme dado información alguna sobre la menstruación. Más tarde, ese día, mi madre me dio algunas ideas generales sobre el tema. Recuerdo que se la veía incómoda mientras me daba una descripción básica. Sé que ella pensaba que aún tenía al menos otros dos años para prepararse antes de hablarme sobre los períodos. La experiencia de Mariana le hizo cambiar de idea. Yo también me sentí incómoda con la conversación, e incluso un tanto confundida. Me olvidé de hacerle preguntas.

Al día siguiente vi a Mariana otra vez y le pregunté: "¿Te sientes algo diferente?". Ella me echó una mirada divertida y me preguntó: "¿Por qué debería sentirme diferente?". La miré y me di cuenta de que tenía "algo" que la convertía en una mujer. Sabía que ahora tenía la capacidad de tener bebés. Por cierto, Mariana y yo no sabíamos exactamente cómo se hacían los bebés, pe-

11

ro estábamos seguras de que ese "algo" estaba vinculado con ello. ¡Yo también quería que me viniera!

Esa experiencia de Mariana fue un punto de inflexión en mi propio desarrollo. A partir de ese día y por los tres años siguientes, tuve una nueva conciencia sobre la menstruación. Cada aviso comercial parecía ser para alguna marca nueva de toalla sanitaria. Sentía que cada vez que me daba vuelta, una de mis amigas estaba comenzando a menstruar. También empecé a leer libros de Judy Blume que hablaban de las chicas que iban a los negocios a comprar toallas femeninas por primera vez, además de otros relatos sobre la menstruación. Comencé a desear mucho que llegara mi período. Recuerdo haberme sentido dejada de lado cuando otras chicas hablaban sobre la marca de tampones que usaban. Se me antojaba que yo era la única chica que quedaba en la tierra aún sin período.

Al fin llegó mi período a la edad de trece años y medio. Estaba en un parque de diversiones luciendo pantalones blancos, por supuesto. Fui a un baño ¡y ahí estaba! No tenía más que unas servilletas, que metí rápidamente en mi bombacha. Realmente no me importaba. ¡Ya tenía mi período! Tuve la sensación de haberme quitado un gran peso de encima y de que al fin me había convertido en una mujer.

La historia de Rebeca señala el contraste entre estar bien preparada para el inicio de la menstruación y no estarlo. Mariana, cuyos padres habían conversado abiertamente con ella acerca de lo que le sucedería tanto en lo físico como en lo emocional, no se perturbó el día que tuvo su primer período. El hecho de que a los nueve años lo hubiera tomado con naturalidad significaba que sus padres tal vez comenzaron a hablar con ella cuando tenía ocho años. Rebeca, por otro lado, quedó impresionada por el primer período de su amiga, porque su madre aún no le había hablado sobre la menstruación. Rebeca sólo tenía una idea vaga de cómo era el proceso y cuándo podía llegar su primer período.

La madre de Rebeca, como muchas madres de hoy, no se había dado cuenta de que las niñas maduran más temprano en estos tiempos, y que por lo tanto se les debe informar sobre los cambios de su cuerpo mucho antes que a las niñas de generaciones pasadas. Aun cuando, como Rebeca, su hija no tenga su período hasta los doce o trece años, ya debe haber oído hablar sobre la menstruación mucho antes, en los medios o entre sus amigas, y empezará a hacerse preguntas al respecto. Su curiosidad puede convertirse en preocupación, a menos que se le hable abiertamente y se la ayude a calmar todo temor que pueda tener.

Después de leer cientos de historias como la de Rebeca, conducir talleres y hablar con otras madres, padres y chicas jóvenes, era evidente que estas desean saber más sobre la menstruación. Pero los padres deben adoptar una actitud activa, porque la mayoría de las chicas de entre siete y catorce años se sienten expectantes, y al mismo tiempo preocupadas, por este aspecto del crecimiento.

Empezar
a prepararla

Las chicas de hoy tienen su período mucho más temprano que antes. ¿Están ustedes preparados para hablar con su hija? A pesar de los muchos folletos, libros e información escolar de que se dispone, las niñas necesitan que los padres, y en particular las madres, conversen con ellas, contesten sus preguntas y les ofrezcan apoyo. A la madre le será más fácil conversar con su hija, si puede recordar qué sentía al respecto.

1

Si su hija tiene ocho años, tiene edad suficiente para que comiencen las charlas

Las madres deben empezar a conversar con sus hijas, sobre la maduración, el cambio del cuerpo y la menstruación, cuando las niñas están próximas a cumplir los ocho años. "¿Pero por qué tan chica?", me preguntan a menudo. Las hijas de esa edad son todavía niñitas. Si el cuerpo de su hija no ha empezado a madurar, cuesta creer que se debe estar preparado para conversar con ella. Resulta difícil pensar que su cuerpo pronto puede estar maduro o que ella deba saber algo sobre la menstruación, en los próximos años. Sin embargo, si tiene entre ocho y diez años, su cuerpo ya está empezando a madurar. Una hormona de la glándula pituitaria ingresa en la corriente sanguínea mientras la niña duerme. Ese proceso de maduración física empieza con cambios internos, si bien aún no se puede advertir diferencia externa alguna. Antes de que usted se dé cuenta, su niñita llegará a la pubertad.

En Estados Unidos, los niños han estado creciendo más y madurando más temprano, desde comienzos del siglo XX. En los cien últimos años, la edad promedio del primer ciclo menstrual de una niña ha decrecido desde alrededor de los catorce años, a un promedio de doce años. Actualmente, algunas chicas de tan sólo nueve o diez años empiezan su ciclo menstrual normal. Si bien los muchachos no tienen una señal externa de madurez sexual como la menstruación, es razonable suponer que también ellos están llegando a la madurez sexual antes que en generaciones previas.

El número de abril de 1997 de *Pediatrics*, una publicación de la American Academy of Pediatrics, informó sobre un estudio que analizó las edades promedio del inicio de los cambios corporales de la pubertad en 17.077 jóvenes niñas de Estados Unidos. Aproximadamente el 10 por ciento de las chicas eran afronorteamericanas y el 90 por ciento eran blancas. Los investigadores concluyeron que: 1) la edad promedio del primer período menstrual se presentaba hacia los 12 años de edad para las chicas afronorteamericanas y a los 12 años y 8 meses de edad para las chicas blancas, 2) la edad promedio del desarrollo del pecho era de 8 años y 8 meses para las chicas afronorteamericanas y de 9 años y 10 meses para las chicas blancas, y 3) las chicas de todo Estados Unidos desarrollan características propias de la pubertad a edades menores de lo que se creía previamente. De hecho, en ese estudio se comprobó que el desarrollo del pecho o el crecimiento del vello púbico se halló en el 3 por ciento de las chicas afronorteamericanas y en el 1 por ciento de las chicas blancas, a la edad de 3 años. Este hallazgo resultó una sorpresa para la mayoría de las personas y fue informado en programas de radio y televisión de todo Estados Unidos.

Nadie sabe con seguridad por qué los niños maduran más temprano. La teoría más aceptada es que una mejor atención médica ha incrementado el peso de los niños y acelerado el ritmo de su crecimiento. Las vitaminas prenatales y posnatales, los alimentos enriquecidos —como es el caso de la leche y el pan— y la mejor nutrición y atención médica en general, contribuyen a un peso corporal incrementado. La genética también tiene su parte en el inicio de la adolescencia.

Resulta interesante saber que las niñas que viven en climas más cálidos inician sus períodos antes que las que viven en climas más fríos. Esto sugiere que es el clima cálido o la mayor exposición a la luz del sol lo que inicia antes el crecimiento y la menstruación. Algunos teóricos incluso creen que la exposición a la luz (incluida la luz eléctrica) es la razón por la cual las niñas actualmente llegan a la adolescencia antes que las generaciones de sus tatarabuelas. Con independencia de las causas de la maduración acelerada, es evidente que las madres deben prepararse para conversar con sus hijas antes de lo que pensaban.

Siguen seis historias escritas por chicas de ocho a catorce años, que están aguardando su primer período. Cada una de esas historias fue elegida porque presenta las preguntas, los sentimientos y las preocupaciones típicas de las chicas jóvenes. Esas niñas previamente han recibido cierta información sobre la menstruación, así como acerca de apósitos sanitarios. Sus historias impresionan porque las chicas, acertadamente, relacionan sus cambios físicos y emocionales con la menstruación próxima. Tienen conciencia de que el desarrollo de su pecho, las modificaciones en el cuerpo y sus estados de ánimo impredecibles son parte del crecimiento. Pero escriben sobre un temor común, el temor a lo desconocido. Pueden saber qué hacer cuando llegue su período, mas no están seguras en cuanto al modo de manejar o interpretar las emociones y los sentimientos que vienen con la menstruación.

Lo que han escrito estas jóvenes da muchos indicios de por qué es importante conversar con la niña que aguarda que suceda lo desconocido. Antes de que una chica tenga su período por primera vez, por lo general cuenta con cierto conocimiento sobre la menstruación, pero lo que les ha oído decir a sus amigas o lo que ha entendido de los avisos de la televisión, no siempre es correcto. Si su hija tiene alrededor de ocho años, es probable que haya empezado a sentir curiosidad por ese misterioso tema, pero puede no saber cómo formular las preguntas correctas. Una vez que usted haya leído las siguientes historias que describen la perplejidad, los temores, las frustraciones y la expectativa que sufren las chicas, estará en mejores condiciones de iniciar con su hija las charlas sobre la menstruación, y de responder las preguntas no formuladas.

Esas historias pueden servir para romper el hielo entre madre e hija. Descubro que las chicas no siempre admiten de inmediato sus sentimientos de temor o confusión respecto de la menstruación, pero si se empieza compartiendo las historias de este capítulo y hablando sobre cómo se sintieron las protagonistas, su hija se sentirá más cómoda en cuanto al tema... y usted también.

Recomiendo que usted lea dos veces las historias; son cortas y de fácil lectura. La primera vez, preste atención a las chicas que aparecen en las historias. Piense en lo que ellas saben, en lo que creen saber y en cuáles son sus ansiedades y preocupaciones. La segunda vez, céntrese en el rol de las madres. Considere cómo las chicas de las historias buscan la guía y la tranquilidad que pueden ofrecerles sus madres.

Chicas que aguardan su primer período

"Vergonzoso." Matilde, 11 años

Bueno, para empezar, "aguardarlo" es fácil y duro. Es fácil porque no lo deseo tanto. Es decir, a veces, para mí es sólo una cosita extra que en realidad no es necesario que se presente. Pero se presenta. No se pueden tener hijos sin eso. A veces, me siento ansiosa por tenerlo, casi como si lo deseara. Sólo unas pocas chicas de sexto grado lo tienen. La mayor parte del tiempo se lo siente como un gran problema.

¿Y si una lo tiene en medio de la clase de estudios sociales? Quiero decir, es como si una notara que está ahí. Entonces, ¿qué? Para mí, sería la cosa más vergonzante que podría suceder.

Usar esa cosa como una almohada en la ropa interior debe ser realmente incómodo. O, lo que es peor, algo en tu "ya sabes qué".

Pero en el otro sentido, de alguna manera lo quiero porque es como si una estuviera creciendo realmente, como si fuera una señorita. Yo realmente deseo ser mayor, aprender a manejar, tener novio y cosas por el estilo.

En fin, mi mamá me dice la mayor parte de lo que sé sobre eso. Ella debió enseñarlo, por lo que es bastante abierta al respecto. A veces pienso que en un sentido no es justo. Quiero decir, los muchachos no tienen que pasar por nada de eso, ellos no tienen que hacer nada. Claro, yo no soy un muchacho. Pero no me parece justo. Y sólo tengo once años. No tendré doce hasta julio. Muchas otras chicas tienen mayores probabilidades de que les venga que yo.

Hace sólo un par de días, cuando estaba en el baño de las chicas, vi el papel en el que viene envuelta la toalla (lo que queda cuando una la retira) en el piso. Decía "Beltless Maxis" o algo por el estilo. Claro, supe en seguida de qué se trataba. Por el resto del día me estuve preguntando si pertenecía a una maestra o a una alumna.

El año pasado estaba en mi clase esa chica que tenía doce años. Tenía su período, por lo que andaba con tampones en una bolsa rara y fea. La llevaba a todas partes. El problema era que todo el mundo sabía que ella estaba con su período. Aunque ella no sabía que todos sabían, pensaba que era un secreto y no era así. Es decir, yo no quiero ser así. No quiero que toda la escuela sepa cuando lo tenga. Eso es prácticamente todo.

"No pienso mucho en eso." Alicia, 12 años

En realidad, no pienso mucho en la menstruación. De tanto en tanto la idea se me cruza por la mente. De ninguna manera la estoy esperando. Pero me pregunto cómo será. Me preocupa un poco cómo afectará lo que hago y cómo lo hago.

Mi mamá dice que no es nada grave. Mi mamá es principalmente quien me dice lo que sé sobre la menstruación. Supongo que es diferente para cada una. La mamá de mi amiga a veces se queja y a veces incluso se pone furiosa sin motivo alguno frente a nosotras. A mi mamá, la menstruación prácticamente no la afecta nada.

En cuanto a lo que pienso al respecto, en realidad no sé. Como dije, no pienso mucho en eso, por lo que no puedo decir mucho. En realidad, me molesta hablar del tema, en especial en clase y en situaciones parecidas. Por alguna razón, no creo que sea un gran problema. Ya entiendo todo muy bien. A veces me hago preguntas del tipo "¿Cómo será?" "¿Qué pasa realmente?" "¿Por qué tiene que suceder?" "¿Qué cambios se producen cuando empieza?", y cosas por el estilo.

Pero pensar en la menstruación es también interesante, ¿verdad? No es que trate de ser vulgar ni nada. Es algo como extraño y en general ni sé qué pensar del asunto. Lo que me pone nerviosa es cuándo empezará mi período. ¿Y si estoy en la escuela o algo por el estilo? ¿Y cómo debo decírselo a mi mamá? ¿Y mi papá? Oh, bueno, a todo el mundo le pasa, así que mejor que sea positiva ¡y con seguridad voy a sobrevivir! (¡Ja, ja!).

"Casi me gustó la idea de estar creciendo"
Emilia, 12 años

En la escuela, recibí muchísima información sobre la menstruación. Aprendí sobre todas las etapas por las que pasan las chicas antes de entrar en la adultez. Me asustó un poco descubrir que mis pechos se harían más grandes y que me empezaría a crecer el pelo en otras partes, además de la cabeza. Comenté

22

con mi mamá que me estaba creciendo el busto. Ella me dijo que me estaba preparando para menstruar y ser una joven mujer.

Casi me gustó la idea de estar creciendo. Me sentía avergonzada en la escuela. Siempre usaba camisas amplias, pero luego me di cuenta de que no era la única a la que le estaba creciendo el busto. También a muchas otras chicas les estaban creciendo los pechos.

Me interesé mucho en la menstruación. Leí libros sobre el tema. Los libros fueron mucho más útiles y más exactos que mis amigas. No es que no me acerqué a mis amigas en busca de respuestas, sólo que un libro me resultó más preciso. Descubrí que mi mamá y mi abuela son las mejores para preguntarles. Además, les puedo comentar mis sentimientos sobre la menstruación.

Mi mamá me compró algunas toallas femeninas. Me puse una y me sentí incómoda. Supongo que mi mamá puede usarlas sin problemas.

En clase de gimnasia, en la escuela, yo transpiraba mucho. Quiero decir que me chorreaba el sudor. Sé que eso suena asqueroso, pero es cierto. Pensé que tal vez tuviera alguna enfermedad. Soy perfectamente sana, sólo que transpiro más que las demás.

Una noche me estaba preparando para el baño cuando descubrí una sustancia de color amarillo claro en mi bombacha. Mi mamá me dijo que no me preocupara, que era una sustancia normal de mi cuerpo. Siento cierta ansiedad por la llegada de mi período. No sé por qué, pero la siento.

"La mitad de mí dice 'No veo la hora', y la otra mitad dice 'Maldito sea'." _Noelia, 12 años_

Creo que estoy esperando mi período muy tranquilamente. Cuando pienso en eso, la mitad de mí dice "No veo la hora". La otra mitad dice "Maldito sea". Un par de cosas buenas sobre la menstruación es que puedo tener bebés, experimentar tener el período y usar tampones. Algunas cosas malas son que esos tampones pueden no ser muy cómodos. Podría ser una dificultad a encarar cada mes. También me preocupan los espasmos.

Algunas cosas que sé sobre la menstruación es que entre la edad de nueve y diecinueve años, una chica encuentra sangre en su ropa interior. La sangre es lo que recubre el útero donde se depositaría un óvulo si estuviera fertilizado. Esa sangre sale con frecuencia y hay que absorberla para que no manche la ropa interior.

A veces pienso que no es justo que los muchachos no tengan su período también. He leído un par de libros sobre el tema que me interesaron. Las pocas personas que han influido en mi aprendizaje sobre la menstruación son mis amigas, mis padres y amigos de mis padres.

A veces me asusta que mi período me afecte cuando vayamos de campamento, qué pantalones me debo poner para ir a la escuela y qué pensarán los muchachos. También me asusta pedirle permiso para ir al baño a un maestro o a una maestra durante la clase.

Unas pocas cosas que no entiendo sobre la menstruación son por qué las chicas se convierten en mujeres y por qué no hay un cartel que diga "Te viene, prepárate". Una cosa divertida que he descubierto con la menstruación es que si una pone un tampón en agua se hincha.

Espero que mi período venga regularmente. Creo que sería difícil decidir cuándo tener un bebé si no viniera regularmente. Me preocupa cuándo vendrá mi período porque pienso que cuando lo tenga no me va a gustar.

Una cosa que me resulta dura es acostumbrarme a usar corpiño y ropa interior de otro talle.

Algo que nunca olvidaré es que cuando mi hamster Eva estaba viva, yo pensaba que tendría su período también. Mi papá me dijo que los animales tienen un período en el que están en celo. Yo no le entendí, pensé ¿celosa?, y me explicó que "estar en celo" significaba que un animal hembra podía producir un óvulo y que era en esa época que un hamster hembra podía preñarse. Mi período me entusiasma y me da vergüenza. Creo que será algo importante en mi vida.

"La madurez física y mental son diferentes"
Sarah, 14 años

Estoy en octavo grado y todavía no tengo mi período. Eso realmente no me molesta. Puede molestarles a otras. No lo veo como algo de lo cual una deba enorgullecerse o sentirse avergonzada, ni como una excusa de ninguna clase. No espero que mi vida cambie una vez que tenga mi período.

Mi recuerdo más antiguo sobre la menstruación es el de mi mamá hablándome del tema cuando yo era pequeña, tal vez a los seis o siete años. Es un tema sobre el cual mi madre fue muy abierta y que a mí nunca me puso incómoda.

No me gusta decirle a la gente que no tengo mi período, porque se supone que como tengo 14 años, sin duda lo tengo. A menudo, la gente mal informada toma la menstruación como medida de madurez. Es una medida de madurez física. La madurez física es algo sobre lo que no tengo control... algo sobre lo cual nadie tiene control todavía.

A menudo la gente considera a una joven que aún no tiene su período como mentalmente inmadura, y eso es un error. Yo no puedo controlar cuándo tendré mi período. Me considero afortunada porque no tengo que soportarlo. Para mí, la menstruación es como comer o respirar, es un hecho de la vida. Pero es una parte de la vida de las jóvenes que ellas no pueden controlar, de modo que no se consideren inferiores a nadie si no tienen su período: yo no me considero inferior.

Mis amigas, en su mayoría, tienen su período. Al principio me miraban mal porque yo no menstruaba. Pero eso duró poco, ya que se dieron cuenta de que no es nada de lo cual una deba enorgullecerse o sentirse avergonzada. Al principio (cuando mis amigas tuvieron su período por primera vez) se sentían muy orgullosas. También se quejaban conmigo, en cuanto a la menstruación. Se dieron cuenta de que yo no les podía decir nada porque no sabía cómo se sentían. Cuando tenga mi período no me voy a sentir ni orgullosa ni avergonzada, ni me voy a quejar. Es así y punto.

"Puntitos." Anita, 8 años

Me enteré de la menstruación cuando leí un trabajo que mi amiga estaba escribiendo sobre su período. Pensé que significaba que a una le aparecían puntitos. Me enteré de que no es así. Le pedí a mi madre que me hablara del período. Ella me contó y yo dije ¡Uau! ¡Oia!

Mi mejor amiga, que tiene doce años, tuvo su período y se sintió feliz. Llamó para contarnos a mi madre y a mí acerca de su día especial.

Yo sólo tengo ocho años y mi cuerpo no ha empezado a cambiar. Algunas de las chicas de mi grado han comenzado a desarrollarse en ciertas partes. Todas esas chicas pesan más que yo y a mí no me importa por ahora. Por alguna razón, las chicas que empezaron a desarrollarse hablan más de los muchachos que yo. Todas nosotras nos llevamos bien y jugamos juntas como siempre.

Como se puede apreciar, las chicas tienen conciencia de la menstruación y piensan en el tema. Tras completar "cosas para hacer" y "cosas para pensar", usted estará en condiciones de preparar a su hija para la menstruación.

Cosas para hacer

- Escriba cómo piensa que se sentirá (o se siente) su hija en cuanto a su cambio corporal, la menstruación y el crecimiento. ¿Tendrá sentimientos semejantes a los de algunas de estas chicas? En ese caso, ¿de quién o de quiénes?

- Escriba lo que piensa que su hija ya sabe sobre la menstruación. Después de iniciar sus charlas, verifique si ella realmente sabe lo que usted cree que sabe.

Cosas para pensar

- Las chicas escribieron que sus madres eran fuentes importantes de información para ellas. ¿Fue su madre su fuente principal de información sobre la menstruación? Si no, ¿quién (o qué) fue?

- ¿Recuerda haber deseado que su madre u otra persona amada conversara con usted sobre la menstruación?

- ¿Pasó usted por un período de espera de la menstruación o empezó antes que sus amigas? ¿Cómo fue esa experiencia para usted?

- ¿Qué piensa usted que aún les falta conocer a las chicas de las historias, antes de que empiecen a menstruar?

- ¿Cambian los estados de ánimo o las emociones de su hija en la actualidad? En ese caso, ¿podrían ser esos cambios el inicio de la pubertad?

2

¿Recuerda la llegada de su primer período?

El propósito de este capítulo es ayudarle a recordar su primera vez y evaluar sus propios sentimientos sobre la menstruación, de modo que esté mejor preparada para conversar con su hija acerca de lo que vendrá. Las madres desean que sus hijas hagan la transición a la menstruación con la menor cantidad posible de temor, vergüenza y turbación, pero a menudo recuerdan haber tenido uno o más de esos sentimientos negativos en su juventud. Algunas madres reconocen haberse sentido avergonzadas porque no sabían todo acerca de la menstruación cuando eran jóvenes, y se acuerdan de que otras chicas (o muchachos) se burlaban de ellas por su ignorancia. Muchas mujeres rememoran haber pasado por "accidentes" embarazosos en la escuela o en diferentes situaciones sociales. Recuerdan también los de otras chicas, que las llenaban de temor de que también pudiera sucederles a ellas. La mayoría de nosotras hemos sentido ansiedad en cuanto a menstruar en un pésimo momento (el día de nuestro casamiento, por ejemplo). Con semejantes recuerdos, ¿cómo podemos comunicarles a nuestras hijas que la menstruación es una función corporal saludable y normal que se espera con confianza y una actitud positiva?

Una vez que se haya tomado el tiempo para rescatar de la memoria los inicios de su propia experiencia menstrual —sea positiva o negativa—, tendrá una idea más clara en cuanto a cómo evitar la información equivocada y la negatividad que a usted le tocó vivir. Tendrá además una buena noción acerca del modo de transmitir confianza y apoyo a su hija.

Una actividad muy importante es escribir su propia historia de la menstruación. Esto le aclarará lo que sucedió en su vida y le dará más confianza para ayudar a su hija a captar el significado de su propia historia de la menstruación. A algunas mujeres les resulta difícil escribir su historia, porque nunca han pensado que fueran importantes los recuerdos relativos a la menstruación. Al investigar historias de vida de mujeres, la doctora Wanda Johnson, colega mía, descubrió que en su mayoría esas historias no incluían su menarca, o sea su primer período menstrual, como parte de su relato de vida. Al ser interrogadas, esas mujeres reconocieron que la menstruación había ocupado un lugar importante en su vida. Sin embargo, no se les había ocurrido hablar de la llegada de la misma como un episodio significativo.

En algunas culturas, la madres transmiten a sus hijas las historias personales de las mujeres que las anteceden. Muchas madres cuentan la historia personal de su propia madre, lo que reduce la dificultad de hablar sobre sí mismas. De ese modo, las hijas pueden aprovechar la historia de su abuela, las observaciones de la madre y sus propias experiencias, para entender su propia menstruación.

Si usted conoce la historia de su madre y de otras mujeres de la familia, inclúyalas cuando escriba su propia historia. Todas esas historias personales son significativas tanto para usted como para su hija. Por eso yo la aliento especialmente a que las escriba.

Para muchas mujeres, el recuerdo de la llegada de su menstruación está lleno de expectativas, de cercanía con la familia o amigas, y de muchísima risa. Para otras, ese recuerdo incluye sentimientos de vergüenza, turbación e ignorancia. A nadie le gustan los recuerdos incómodos, y esa incomodidad es justamente lo que hace más difícil la narración de historias personales. Pero escribir es un modo excelente de evaluar nuestros recuerdos y de examinarlos desde el punto de vista de la madurez. Además, al ponerse en contacto con aquellos sentimientos y experiencias, será más sensible a lo que podría estar sintiendo su hija.

Si sus experiencias infantiles o sexuales incluyeran abuso sexual, maltrato físico, enfermedad, infertilidad o cirugía relacionada con sus órganos reproductivos, sus recuerdos pueden no ser gratos. Cualquiera de esos episodios le hará más difícil sentirse abierta y comunicativa con su hija respecto de la menstruación. Cuando comience a escribir sobre su historia personal, tal vez necesite conversar con un psicólogo, una amiga, su cónyuge o compañero, acerca de esas experiencias desagradables. Descubrirá que buscar ayuda profesional especializada en matrimonio, familia, hijos, o en temas de la mujer, puede serle útil. La aliento a escribir, aunque sea difícil, porque eso puede ser incluso parte del proceso de curación. Escribir y conversar son medios poderosos para aclarar y curar pasadas heridas.

Aquí presentamos dos historias con el fin de ayudarla a recordar parte de su experiencia en la llegada del período. La belleza de estas historias reside en el modo en que esas mujeres mezclan el humor con aspectos serios de la menstruación.

"Nunca uses pantalones blancos." Tina, 31 años

Habíamos pasado una semana de nuestras vacaciones de verano en el lago Big Bear y ahora estábamos en el lago Havasu, un horno de calor en agosto. Como tenía diez años, yo era inmune a la temperatura. Pasaba gran parte del tiempo en el agua. Ni siquiera noté que mi madre no estaba sentada en la playa vigilándome como solía hacerlo. Había permanecido todo el día dentro de la casa rodante. Me di cuenta de su ausencia cuando mi padre anunció que nos marcharíamos a casa al día siguiente porque mamá no se sentía bien. Enojada porque me arrebataban mi paraíso veraniego, exigí saber la razón de esa espantosa decisión. Mi padre, tal vez turbado por mi pregunta o simplemente por hábito, replicó: "Pregúntale a tu madre".

Mamá, con una expresión de dolor en el rostro, me explicó que estaba con su período y que la combinación del calor y las molestias era sencillamente insoportable. Yo sabía de qué se trataba el período de una mujer, aunque no recuerdo con exactitud en qué año me enteré. También me habían advertido acerca de los dolores. Lo que no sabía era que podían perturbar tanto una vida como para acortar unas vacaciones maravillosas. De hecho, estaba convencida de que mi madre fingía. ¡A ella nunca le gustó el desierto caluroso!

Si bien no recuerdo con precisión cuándo me habló mi madre sobre la menstruación, sí recuerdo algunas de las cosas que dijo. Me explicó que pronto, una vez por mes, mi cuerpo empezaría a hacer un nido para un huevo que se desplazaría de mi ovario a mi útero. El nido era un lugar donde el huevo, si estaba fertilizado por un esperma, podía crecer y convertirse en un bebé. (Como yo ya sabía de las relaciones sexuales, no necesité que ella me repitiera esos detalles sobre el encuentro del huevo y el esperma. ¡Ya me había causado un gran shock la primera vez!)

Mamá dijo que si el huevo no estaba fertilizado, era desechado junto con el nido. Ese proceso tomaba alrededor de una semana para completarse, y durante ese tiempo yo debería usar una toalla higiénica para absorber al "nido" de sangre. Todo me sonaba inquietante y poco claro, para no mencionar cómo me confundía la elección de palabras que ella hacía: "huevo", que yo visualizaba como los que comíamos revueltos en el desayuno; "fertilizar", que fue lo que hicimos con nuestras plantas y "desechar", que era lo que hacía una serpiente con su piel. Mi primer pensamiento fue que ese proceso desagradable podía ocurrirles a algunas chicas, pero sin duda no me sucedería a mí.

Cuando estaba en sexto grado, a todas las chicas de mi edad y a las madres nos invitaron a una reunión social en el comedor del colegio. A mí me entusiasmaba la idea de pasar ese momento especial con mi mamá, y pensaba que iba a ser como una fiesta con entretenimientos y refrescos. Para mi gran decepción, fue una presentación dada por una enfermera acerca de nuestro cuerpo cambiante. Mi madre ya me había hablado sobre todos los detalles, pero me di cuenta de que la enfermera tenía una actitud muy diferente en cuanto a la menstruación, respecto de la de mi madre. La enfermera era mucho más positiva que mi mamá. Acentuó que nuestros períodos no debían entorpecer nuestra vida normal. Dijo que debíamos continuar con los deportes y todas las actividades que nos gustaban, en la medida en que pudiéramos hacerlo.

La primera vez que mi mamá me explicó el tema de la menstruación, había insistido en los tristes espasmos, los dolores de cabeza que ella sentía y cómo, en los tiempos de su adolescencia, se había pasado al menos un día por mes en la cama con una bolsa de agua caliente. La impresión que me había causado mi madre y su historia de la menstruación tuvo un impacto mucho mayor que la historia contada por la enfermera de la escuela.

El lago Bass fue nuestro destino el verano siguiente. Una tarde, cuando me estaba poniendo el traje de baño, se produjo. Me bajé la bombacha y ahí estaba: ¡san-

33

gre! ¡Me había ocurrido! Sentí una combinación de temor, alegría, excitación y orgullo de ser mujer. Bueno, no podía pensar realmente en mí como en una mujer. Mamá había dicho que cuando una chica empezaba su período, eso significaba que podía quedar embarazada, de modo que suponía que así me graduaba como mujer. Yo empecé antes que cualquiera de mis amigas (tenía once años), de modo que eso me produjo un estremecimiento extra. Mamá se lo dijo a papá: tuve ganas de morirme. El hombre que ni siquiera había sido capaz de decirme por qué mamá se sentía tan enferma el verano anterior, ahora supo que "eso " me había sucedido a mí. Mi padre siempre había tenido poco contacto conmigo. En ese momento, cuando me encontraba en el umbral de la femineidad, recuerdo que pensé: "Ahora él nunca querrá tener nada que ver conmigo".

El séptimo grado trajo muchas experiencias nuevas; entre ellas estaba la clase de gimnasia. Yo odiaba tener que cambiarme de ropa frente a las otras chicas y, lo que era peor, ducharme frente a ellas. Pero gracias a mamá, supe qué botones oprimir y simulaba molestias menstruales cada vez que era posible. Como la experiencia de mamá había sido tan negativa, ella nunca dudó de que yo tuviera realmente dolor. De buen grado escribió muchas notas para excusarme de las clases de gimnasia e incluso de días completos de escuela. ¡Yo había encontrado oro! Rezaba para que mi período coincidiera con los exámenes que más me inquietaban. En casa, me daban un trato especial. A mí me gustaban sobre todo la bolsa de agua caliente y las comidas en la cama.

Mi amiga Mary tuvo la desgracia de que su tampón dejara de absorber cuando estaba sobre el césped, con las rodillas bien abiertas y luciendo pantalón blanco. Para sumar más angustia, fue un muchacho el que le avisó. Yo estaba decidida a evitar que eso me sucediera a mí.

¡Ocurrió! Yo había ido a catecismo en la iglesia de mi amiga Juanita. Juanita, ustedes deben entender, era perfecta: yo me preguntaba para qué necesitaría la iglesia. A diferencia de Mary, Juanita nunca se refería al tema del sexo ni a ninguna otra función corporal. Un domingo de mañana tuve la audacia de lucir mi minifalda negra para ir a la iglesia (probablemente sólo para hacerle arquear las cejas a Juanita). Por cuestiones del destino, o tal vez fuera la ira de Dios por mi falda irreverente, me vino el período. Concluyó nuestra clase de catecismo y me levanté de la silla plegable con la intención de guardarla. Quedé horrorizada por la mancha de sangre en el asiento. Rápidamente plegué la silla y miré para ver si alguien lo había advertido. Nadie lo había visto. Por temor a que me descubrieran, ni se me ocurrió limpiar el asiento. Debía irme a casa para cambiarme y ponerme una toalla.

Como Juanita esperaba que yo fuera a misa con ella, me vi obligada a contarle sobre la llegada del período y que llamaría a mi mamá para que fuera a buscarme. ¡Me miró como si yo fuese una extraterrestre! Quedé convencida de que Juanita era demasiado buena para tener períodos. Sin perder el ánimo, volví con Juanita a la iglesia el domingo siguiente. Cuando estábamos desplegando las sillas, una pobre chica se encontró con mi silla del domingo anterior. Todas las cabezas se volvieron hacia ella cuando gritó: "¡Oh, qué es esto!". Mostró la mancha marrón de sangre y yo guardé silencio. Empezó la clase y no se volvió a hablar de la silla. Si Juanita relacionó los hechos y supo que la mancha la había dejado yo, nunca me lo dijo. Aprendí a ser más cauta en cuanto al uso de las minifaldas y nunca volví a la escuela dominical así vestida.

Cuando era una beba de siete semanas, me tuvieron que quitar un ovario infectado debido a una hernia

estrangulada. Por eso mis períodos nunca han sido regulares. Cuando decidí casarme a la edad de diecinueve años, no pude hacer lo que hace la mayoría de las
mujeres, es decir, programar la boda como para que
no coincidiera con el período. Lo esperaba cerca de la
fecha de mi matrimonio y temía que empezara el día
de mi boda, mientras estaba vestida de blanco.

Por fortuna, mi período no empezó ese día. De hecho, faltó por completo ya que quedé embarazada de
inmediato, tal vez en nuestra noche de bodas. Perdí
ese embarazo. Luego tuve dos hijos hermosos y sanos.

"Querido diario: ¡Anoche me vino!"
Teresa, 20 años

Todo comenzó cuando yo estaba en quinto grado.
Era día de fotos en la escuela. Esa mañana elegí mi
vestido preferido y solté mi cabello largo en lugar de
las colas de caballo o las trenzas. En la clase, me senté junto a mi mejor amiga, Mónica, que de pronto empezó a emitir unas risitas incontrolables y a susurrar
con la chica que estaba al lado de ella. Más tarde, ese
día, descubrí la razón de la risa. Yo empezaba a tener
busto. No era grande, sólo dos montículos apenas per-
ceptibles en el pecho. Mónica los había notado y le resultaban muy divertidos. Me molestaban sus bromas,
que pronto cesaron porque también Mónica empezó a
tener lo suyo. Esa fue una época dura para mí. Me fas-
cinaba la idea de tener una figura femenina, pero temía las bromas que pudieran hacerme.

Para la época en que entramos en sexto grado, varias de las chicas de mi clase empezaban a tener pechos, de modo que tenerlos se volvía algo más aceptado. Comenzamos a sentirnos orgullosas de nuestras figuras recién adquiridas y las que recibían las bromas
eran las chicas que no tenían senos. Como yo, la ma-

yoría de las chicas de sexto grado habíamos leído *Are You There God? It's Me Margaret*. Ese libro, escrito por Juanita Blume, era sobre una chica cuyas amigas iban teniendo su período, pero ella no. Estaba ansiosa por tenerlo para que la consideraran mayor como a todas sus amigas y así sentirse mujer. Al final del libro, Margaret tuvo su período: un final feliz.

Por suerte para mí, un viernes a la noche, el 30 de marzo, menstrué. Me sentí aliviada de que no me hubiese venido en la escuela. Mi período no fue lo que yo esperaba que fuese. Sólo hubo unas pocas manchas de sangre en mi bombacha. Tampoco tuve molestias. De inmediato corrí a la caja de apósitos que había comprado para esa ocasión y me puse uno. Me sentí muy orgullosa. Subí a la habitación de mi madre y le dije: "¿Adivina qué?". Ella arriesgó unas pocas cosas diferentes mientras yo le decía "no" con una gran sonrisa. Me reí de todas sus respuestas. Al final, con voz muy seria, ella dijo: "Llegó tu período". Su tono de voz no era feliz como el mío. Sonaba más preocupada que otra cosa. Cuando me di cuenta de que intentaba ser amable y apoyarme, decidí preguntarle cuándo había tenido su primer período. Me dijo que a los dieciséis años. Yo sólo tenía doce años y ya me había venido. Nunca le pregunté por su aspecto de preocupación cuando le dije que había llegado mi período. Creo que no estaba preparada para que yo empezara tan pronto.

Al día siguiente del inicio de mi período, empecé a escribir un diario. Lo encontré y esto es lo que escribí en las dos primeras líneas:

"Querido diario:
Hoy es un día tan aburrido como lo son la mayoría de los sábados. ¡¡¡Anoche lo tuve!!! No fue tan malo como tenía entendido que sería".

En fin, luego pasaba a escribir sobre otros asuntos sumamente importantes tales como los muchachos. Fue un punto de inflexión en mi vida. Me estaba convirtiendo en una joven mujer. Estoy muy contenta por haber empezado a escribir mi diario. Me da gran alegría releer esas páginas. Sigo escribiendo diariamente.

En la cultura española en la que me crié, cuando una chica tiene su período, ya no se la considera una pequeña. Automáticamente se convierte en una señorita. Serlo a los doce años fue una gran responsabilidad para mí. Sabía que por dentro era una niña, aunque por fuera se esbozara un cuerpo de mujer. Las miradas de los muchachos, incluso los muchachos de la escuela secundaria, empezaron a aumentar. Halagada por un lado, me sentía torpe con ellos. Intentaba sintonizar ese cuerpo nuevo con mi personalidad para poder volver a sentirme una persona.

Espero que le hayan gustado estas historias y que le hayan permitido recuperar recuerdos de su primera menstruación, de su crecimiento y su maduración. Recordar cómo fue ser una jovencita que aprendía a ser mujer la ayudará a identificarse con las actitudes de su hija hacia el crecimiento y, en consecuencia, a prepararla mejor para su desarrollo.

Un tema común en la historia de Teresa es que sus pechos se desarrollaron antes que los de sus amigas. Recibía las burlas de chicas y muchachos y se sentía avergonzada por sus pechos emergentes. ¿Se desarrolló usted antes que sus compañeras de clase? ¿Cree que su hija se desarrollará o se está desarrollando antes que otras chicas de su edad? Si la respuesta es "sí", entonces puede suceder que se burlen de ella. Y, como la mayoría de las chicas, se sentirá intimidada con su cuerpo cambiante. Mientras escribe su propia historia, trate de recordar los sentimientos que le causaba su desarrollo físico.

La historia de Teresa nos permite conocer otro tema propio de la menstruación. Si bien muchas chicas se sienten turbadas por su maduración física, a la vez están contentas por la proximidad de su período. Teresa deseaba compartir la buena noticia con su madre. ¿Quiso usted comentarle a su madre el inicio de su período? ¿Deseó que ella la ayudara y la tranquilizara en el sentido de que todo estaba bien? ¿Percibió, aunque ella no lo hubiera expresado con palabras, lo que su madre sentía acerca de que usted se desarrollara?

Tina y Teresa escriben ambas sobre la atenta observación de una hija respecto del lenguaje hablado y tácito de la madre. Lo más probable es que ninguna de esas madres creyera que sus sentimientos subyacentes de aprehensión y sorpresa fueran reconocidos por sus hijas. ¿Recuerda las reacciones de su madre a su anuncio de que había iniciado su período? ¿Pareció realmente contenta por usted? ¿Qué deseaba usted que ella sintiera? ¿Cómo querría estar y sentir usted cuando su hija le pregunte: "Adivina qué me pasó"?

Tina escribe sobre el malestar físico de su madre. La mayoría de las chicas oyen hablar de espasmos relacionados con la menstruación. ¿Qué sabía sobre esos dolores antes de iniciar su período? ¿Cuál ha sido su experiencia?

Escribiendo la propia historia

Mientras piensa sobre el modo en que experimentó el menstruar en su vida —desde la época de su primer período, en la juventud, en el ser activa sexualmente, al ser madre, hasta los sentimientos sobre la menopausia— puede usar las siguientes guías para escribir su propia historia.

- No se preocupe por la ortografía, la puntuación, etcétera. No escribe para una publicación o para un examen. Su historia es para usted. Mostrarlo o no a otra persona es su decisión.

- Use las siguientes preguntas para despertar recuerdos y ayudarse a iniciar su escrito:

¿Dónde estaba cuando tuvo su primer período?

¿Cómo lo sintió físicamente?

¿Cómo se sintió emocionalmente?

¿Cómo supo que ese era el inicio de la menstruación?

¿Hubo algo sorprendente en esa primera vez?

¿Con quién compartió la noticia de que había tenido su período por primera vez?

¿Cómo reaccionó cada miembro de su familia a la noticia de este comienzo?

¿Cambió la relación con su madre, padre, hermano, hermana, otros parientes? ¿Cómo?

¿Quiénes fueron las personas que más le enseñaron sobre la menstruación?

¿Quién le enseñó a usar toallas higiénicas y tampones?

¿Cómo se sintió cuando se enteró de todo lo referente a la menstruación?

¿Quiénes fueron las personas que la ayudaron a tener una actitud positiva hacia la menstruación?

¿Quiénes fueron las personas que no la ayudaron a crear una actitud positiva hacia la menstruación?

¿Qué fue lo que quiso saber y nadie le dijo?

¿Cómo encaraba usted su período cuando estaba físicamente activa, es decir, haciendo deportes, acampando, nadando, etcétera?

Cuando se hizo mayor, ¿cómo les dijo a los muchachos y los hombres de su vida sobre sus necesidades y preocupaciones menstruales?

¿De qué manera ha influido la menstruación en su vida sexual, si es que influyó de alguna manera?

¿Cómo han afectado las dietas, el estrés, los partos o la cirugía su período, si es que lo afectaron?

¿Cómo se siente respecto de la menopausia y del fin de la menstruación?

- Programe de 30 a 60 minutos para estar sola, pensar y escribir.

- Pídale a su madre, su hermana o su amiga que escriba también su historia sobre la menstruación y la menopausia. Usted puede optar por compartir, sea conversando o leyendo los relatos de las otras. Siempre me sorprenden la energía, las risas y la excitación que generan las mujeres cuando hablan de esa experiencia singularmente femenina. Las historias de mujeres vinculan distintas generaciones entre sí.

3

La cultura moldea la experiencia de la menstruación

Mientras piensa en su propia historia de la menstruación, puede sentirse tentada a criticarse a sí misma por lo que no sabía y por lo que no hizo. No. No lo haga: no es su culpa si nadie le habló del tema antes de su primer período. Hoy, en nuestra cultura, consideramos importante que una chica sepa sobre la menstruación antes de que se le presente. Es principalmente tarea de la madre informar, pero los pediatras suelen preguntarles a las jóvenes pacientes si saben sobre la menstruación. Por su parte, muchas escuelas primarias ofrecen alguna educación al respecto. Hasta hace poco tiempo, los médicos ni siquiera lo preguntaban, las escuelas esperaban hasta el secundario y muchas madres consideraban que el mejor momento para "la conversación" era el preciso día del inicio del período.

¿Alguna vez se preguntó por qué nunca ha visto una colección de historias sobre la menstruación? Después de todo, más de la mitad de la población adulta tiene una historia para contar. Este silencio tiene que ver con actitudes y conductas hacia la menstruación que nuestra sociedad determina. Si bien cada uno puede tener su propia idea sobre la conducta apropiada, la sociedad norteamericana de clase media, por ejemplo, comparte un sentido de lo que es aceptable, importante, embarazoso o vergonzoso en cada área de la conducta humana, incluida la menstruación.

"Reglas tácitas de la sociedad, sobre la menstruación"

- Mantener invisible la menstruación.

- Nunca permitir que los hombres sepan cuándo una está menstruando.

- Denominar a los materiales empleados para detener el flujo menstrual "artículos de higiene femenina", creando la implicación de que las mujeres que los usan son sucias. (También se los puede denominar "productos de higiene íntima", lo que sigue implicando lo mismo.)

- Si no se puede explicar el enojo de una mujer, imputárselo a la menstruación.

- El flujo menstrual tiene un olor terrible que debe ser cubierto mediante lavados o perfume.

- Se culpa al SP (síndrome premenstrual) cuando las mujeres expresan sus emociones o convicciones.

- La menarca no es merecedora de una celebración pública.

- Los muchachos no necesitan que se los eduque sobre la menstruación porque es irrelevante para ellos.

Aunque usted no crea en ellos, algunos de estos mensajes pueden haberla hecho sentir mal y es muy probable que hagan que su hija se sienta mal también.

Esto nos trae de regreso a nuestra propia historia menstrual. Piense cuánto influyeron en su historia las reglas de la sociedad.

Por ejemplo, es probable que usted haya visto una película en la escuela cuando estaba en sexto, séptimo u octavo grado, que era sólo para las chicas; no se permitía el ingreso de varones. ¿Recuerda haber visto en la escuela esa película sobre la menstruación y el desarrollo? En caso afirmativo, ¿cómo se sintió: especial, importante, turbada, avergonzada?

¿Cómo se manejó después? ¿Les comentó a los muchachos, excluidos de la sesión, lo que había visto en la película?

¿Qué mensaje envía esa separación a chicas y muchachos? ¿Denota que hay algo secreto acerca de las mujeres, algo que las escuelas o la sociedad o los padres no quieren que los varones sepan sobre las chicas? ¿O es que los muchachos no necesitan saber sobre el desarrollo y la menstruación femeninos, que es un asunto de chicas?

Muchas mujeres dicen que la revolución sexual y los movimientos de liberación de las mujeres en la década de 1970 han cambiado la capacidad de una chica o de una mujer para ser más abierta respecto de la menstruación en general y con los hombres en particular. ¿La ayudaron esos movimientos a sentirse más abierta? ¿Tiene un diálogo más abierto sobre ese tema, en comparación con su madre y su abuela, del que ellas tuvieron en su época?

Los avisos publicitarios de tampones y toallas higiénicas se han vuelto un lugar común en la televisión y en los medios impresos. Algunas de ustedes, sin duda, recuerdan cuando esas "protecciones menstruales" no se publicitaban de manera tan directa como se lo hace hoy.

¿Han ayudado los avisos a que mujeres y hombres sean más comunicativos sobre la menstruación? ¿Han ayudado a la sociedad a ser más sensible a las necesidades de las mujeres en esa área?

¿Han presentado las publicidades un cuadro claro de la menstruación? ¿O han agregado una nueva inquietud para las mujeres, por ejemplo, la higiene, o el flujo menstrual que tiene un olor que se debe enmascarar con toallas perfumadas y productos? ¿O es que los avisos han perpetuado el aspecto secreto de la menstruación mientras venden los productos? Conozco un chiste sobre un chico de seis años que visitó a su pediatra. El médico, intentando una charla, le preguntó qué se compraría si alguien le diera cinco dólares.

"Es fácil", replicó Jim. "Compraría un Tampax." El médico quedó sorprendido con esa respuesta. "¿Por qué comprarías un Tampax?" "No sé exactamente qué es, pero por televisión dicen que se puede nadar, andar a caballo e incluso con patines en el momento en que uno lo desea. Eso sin duda vale cinco dólares."

Mientras lea la historia que sigue, piense cómo las actitudes de su hija pueden verse influidas por los tiempos en que ella vive. ¿Se sentirá libre y orgullosa o se mostrará turbada y tímida en cuanto a su menstruación? ¿Han cambiado los tiempos para las chicas jóvenes o no?

La influencia de la sociedad

"Todavía deseo jugar con los muchachos"
Farah, 20 años

Era un día frío de invierno; todo el patio escolar estaba cubierto de nieve. Yo me sentía realmente feliz porque estaba pasando un día magnífico en la escuela. Ahora me esperaba mi almuerzo favorito. Llegué a casa y arrojé la mochila junto a mi escritorio y me precipité al baño. Todos estaban listos para almorzar. Unos segundos más tarde oí el eco de mi voz en el baño. "¡Mamá!", gritaba. Mi madre se acercó, vio la mancha de sangre en la bombacha y dijo: "Está bien. No tienes de qué preocuparte. Ahora eres una chica grande. Es tu menstruación. La tendrás cada mes y ahora te voy a mostrar dónde guardo las toallas". Mi madre abrió un cajón y me entregó una toalla higiénica. Me mostró cómo debía usarla y me dejó en el baño, sola con mis pensamientos. La toalla era demasiado gruesa y yo no podía estar cómoda ni de pie ni sentada. Todo mi apetito desapareció, sólo deseaba que me dejaran en paz. A pesar de tener amigas que ya habían menstruado, a pesar de que mi madre me hubiera hablado del asunto y de que hubiéramos tenido una clase especial en el curso de danza, dedicada a la menstruación, a pesar de todos y de todo, fue un shock para mí. Tenía trece años cuando empecé. Ahora tengo veinte y recuerdo bien aquel día. Recuerdo cómo me odié a mí misma y a todo el mundo. Sentía que ese era el fin de mi libertad y mi felicidad. Me sentía sucia. Debía cambiar de toalla cada dos horas. El primer mes fue horrible. El segundo no fue tan malo y luego empecé a aceptarlo y a acostumbrarme.

Después de un año comencé a sentir fuertes espasmos y mucho malestar. Por entonces me rehusaba a tomar pastillas y deseaba combatir mi dolor. Gran error. Había días en que el dolor era tan grande que de la escuela debían enviarme a casa, bañada en lágrimas. Nuestros vecinos podían oír mis gritos. Me sentía realmente mal y me aislaba esos días del mes. Además, no quería que nadie supiera de mi período menstrual. Por alguna razón, me avergonzaba menstruar.

Mis amigas de la clase de danza fueron las primeras en descubrir mi menstruación. Su reacción positiva me hizo sentir algo mejor. Recuerdo a mi profesora de inglés, un modelo de rol para mí, que me decía que me estaba convirtiendo en una mujer perfecta y que debía enorgullecerme en lugar de avergonzarme de mi menstruación. El único problema era que yo tenía una fuerte actitud negativa hacia la menstruación, y no fue fácil modificarla.

Creo que dos factores importantes generaron esta actitud negativa. El primero fue la posición de las mujeres en la sociedad iraní en que nací. La segunda, los espasmos abdominales y lumbares. Tal vez una breve descripción de mis antecedentes iraníes ayuden a explicar parte de mi actitud negativa hacia mi menstruación.

Nací en Teherán, capital de Irán. Tenía siete años cuando se produjo la revolución y se formó la República Islámica de Irán. Mi madre es una cristiana que había migrado de la Unión Soviética a Irán muchos años antes. Mi padre es un musulmán cuya religión es el último de sus intereses. Yo solía pasar mucho tiempo con mi padre. También jugaba en la calle con los muchachos. Me gustaban los muchachos y sólo quería jugar con ellos y ser como ellos. Para dulcificar mi rudeza, mi madre me inscribió en las clases de ballet. Ahí encontré a muchas de mis mejores amigas. En Irán, las mujeres son consideradas inferiores a los hombres. Su tarea principal es quedarse en la casa, hacerse cargo de los hijos y ser la esclava del esposo. Sus derechos y problemas no tienen la menor importancia.

Todas las mujeres que conocía, salvo mi profesora de inglés, eran amas de casa. La sociedad iraní no acepta a las mujeres divorciadas, solteras o de alguna manera independientes. Además, después de la revolución, toda relación entre muchachos y chicas antes del matrimonio estaba prohibida según la religión islámica. Por lo tanto, me vi obligada a dejar de ver a algunos de mis amigos más íntimos porque eran varones. También estaba cambiando físicamente, incluida la menstruación; me estaba convirtiendo en una muchacha más grande, y eso significaba perder aún más mi libertad e independencia.

Era mi sueño llegar a ser médica e independiente. Para que mi sueño se hiciera realidad, me relacionaba con muchachos porque ellos eran los que ansiaban crecer y seguir carreras. Su objetivo no era casarse y quedarse en la casa. Cuando perdí contacto con los muchachos, los miembros de mi familia se convirtieron en mi único apoyo y ayuda para llevar adelante mis objetivos. Hasta entonces, me habían educado para que fuera responsable, comunicativa y, sobre todo, independiente.

De pronto me vi obligada a abandonar todos mis sueños y a mis amigos varones: un cambio que yo consideraba una pérdida. Como consecuencia de la revolución, la menstruación significaba que estaba un paso más cerca de convertirme en una típica mujer persa. Ese temor siguió creciendo en mí. Una vez que empecé a menstruar, no hubo nadie en mi familia con quien pudiera hablar de esto. Por lo tanto, las reacciones positivas a mi menstruación, de parte de mis amigas del ballet, fueron útiles. Esas chicas venían de familias más educadas y tenían como objetivo seguir carreras. Eran más francas en sus conversaciones, de modo que yo podía contarles parte de mis sentimientos y temores. Hablar de menstruación y de la vida en general con ellas me quitó un gran peso de encima. Pronto dejé de sentirme tan apenada por mí misma y observé la situación desde un punto de vista completamente diferente.

El otro factor que me produjo una actitud negativa hacia la menstruación fueron los dolores. Eran demasiados para mí y a veces no podía manejarlos. Mi madre solía darme analgésicos, pero yo los rechazaba la mayoría de las veces porque quería ser fuerte y luchar contra el dolor. Nadie me llevaba a un médico porque pensaban que era demasiado joven para que me viera un ginecólogo. En Irán las mujeres se casan vírgenes, de modo que no van al ginecólogo antes del matrimonio.

Ojalá hubiese consultado a un médico en aquel momento. Ya era una adulta joven cuando al fin consulté a un ginecólogo al llegar a Estados Unidos. El doctor halló un quiste de sangre en mi ovario derecho. El quiste había causado tanto daño que debieron intervenir ese ovario. Si lo hubieran detectado antes, tal vez se lo hubiese podido eliminar sin que yo perdiera uno de mis ovarios. Ojalá las creencias iraníes sobre las mujeres y los médicos fueran diferentes. No quiero que las jóvenes iraníes pierdan sus ovarios porque no pueden consultar a un médico antes del matrimonio. Estoy agradecida a mi familia y a mis amigas íntimas por ayudarme a entender que la menstruación no significa abandonar mis objetivos y mis sueños.

Cosas para hacer

- Agréguele a su historia menstrual sus ideas acerca de cómo influyó la sociedad en su vida.

- Remítase a la "Lista de reglas tácitas de la sociedad sobre la menstruación". Agregue a la lista las creencias específicas de su propia cultura o religión.

- Vaya a cualquier puesto de diarios y busque revistas para mujeres jóvenes y adultas. Observe los avisos de los productos de higiene femenina. Evalúe los avisos con estas preguntas en mente: ¿Educa esto a mi hija acerca de la menstruación? ¿Da esto instrucciones específicas acerca de cómo y dónde se debe usar este producto? ¿Relaciona la menstruación con tener hijos? ¿Qué es lo que hace atractivo al producto?

- Preste atención a los avisos de televisión. Si usted no conociera el propósito de los productos, ¿entendería los avisos? ¿Qué piensa que están vendiendo realmente los avisos?

- Discuta con otras mujeres cómo podrían manejar su flujo menstrual si no pudieran comprar nada en la góndola de higiene femenina. ¿Qué hacían las mujeres antes de que pudieran comprar toallitas y tampones? ¿Cómo se arreglan hoy las mujeres del tercer mundo?

- Revise el programa para la educación sobre la menstruación en la escuela de su hija. Preste especial atención al modo en que se enseña a los muchachos acerca de la menstruación. Pregunte sobre la equidad en la educación.

- Haga una lista de circunstancias de su vida en que la menstruación fue observada o discutida en público, por ejemplo, observada en el pantalón ajustado o en una toallita que cae de una cartera, o bajo la forma de una anécdota o broma, o discutida con orgullo. Considere cómo reaccionó la gente. ¿Fue la reacción útil o perjudicial para las mujeres?

Cosas para pensar

- ¿Plantea su religión restricciones durante la menstruación? ¿Merece una celebración? ¿Qué piensa usted al respecto?

- Si conoce a mujeres de diferentes culturas, podría discutir con ellas sus ideas culturales sobre la menstruación. ¿En qué sentido son sus ideas semejantes a las suyas? ¿En qué sentido son diferentes?

- ¿Cuándo cree usted que se convirtió en mujer? ¿Estuvo relacionado con la menstruación? En caso afirmativo, ¿por qué? En caso negativo, ¿por qué no?

4

¿Cómo se sienten las chicas que ya tienen sus períodos?

Mientras escribía su propia historia de la menstruación, tuvo la oportunidad de pensar en los roles que han desempeñado su familia, las amigas, la sociedad y los medios, en cuanto a modelar sus sentimientos y conducta. Ahora vamos a dirigir nuestra atención a las experiencias de las chicas de hoy que han estado menstruando sólo por unos pocos años. Sus historias revelan no sólo sentimientos de turbación, temor e incertidumbre, sino también de expectativa, entusiasmo y orgullo a medida que avanzan en su desarrollo femenino. Advertirá que estas chicas han aprendido más sobre su cuerpo que las que están en la etapa de la espera, y tal vez más de cuanto usted sabía a la edad de ellas. Están dispuestas a dar consejo y a tranquilizar a las que aún aguardan. Parte de la información que recibieron sobre la menstruación procedió de la escuela y las amigas, pero la mayoría de las chicas que aparecen en este capítulo reconocen que fueron sus madres las que les enseñaron lo que más necesitaban y deseaban saber.

Tal vez, como muchas otras madres, usted piense que no está tan bien preparada como las maestras o los médicos, para enseñarle a su hija. Pero los profesionales tienen sus limitaciones. Las maestras de las escuelas públicas y privadas sólo pueden enseñar lo que ha sido aprobado por la dirección de la escuela, y las políticas escolares no consideran ni la personalidad de su hija ni los valores de su familia. Los médicos, a menudo, no tienen tiempo para dar una explicación completa y su hija puede ser tímida para hacer preguntas. Aunque los profesionales pueden explicar muy bien biología e higiene, quizás no encaren de manera adecuada las cuestiones emocionales de una joven. El conocimiento que usted tiene en relación con la personalidad de su hija, su deseo de enseñar los valores familiares y el amor por ella significan que usted es la única que puede desempeñar ese rol singularmente importante en su educación en cuanto a este tema.

Su hija puede un día sentirse como Sonia, una muchacha cuya historia leerá usted en este capítulo. Ella escribe: "Siento que la menstruación es una llave que abre todo un mundo nuevo de crecimiento". Esta observación muestra qué crucial es la menstruación para que una chica entienda el significado de crecer. ¡Cuánta necesidad tiene una niña, tanto de información correcta como de acercamiento a la madre, para dialogar! Usted es una pieza muy importante, es la llave que le abre a su hija el fascinante proceso del desarrollo femenino.

Cuando lea las historias siguientes, piense cuál es la joven cuya actitud hacia las charlas sobre la menstruación se parece más a la de su hija. Se eligieron estas historias porque en conjunto presentan las preocupaciones y sentimientos expresados con más frecuencia por las jóvenes respecto de la menstruación. Son claras en lo que creían desear antes de la menstruación, pero se dan cuenta de que necesitaban más de cuanto imaginaban, el aporte de su madre y los diálogos con ella.

Primer período

"Preferiría estar pescando." Ellen, 14 años

Se inició mi período cuando tenía 12 años. Mi madre trató de conversar conmigo sobre la menstruación, an-

tes de que empezara. Yo tendría 10 u 11 años por entonces, pero no estaba interesada y la evitaba. Decía cosas
como "Oh, mamá, eso es un asco. No quiero hablar de
eso". Entonces me retiraba. Mi madre estaba decidida.
Unos seis meses más tarde, lo intentó de nuevo, pero
otra vez me negué a escucharla. No creía que necesita-
ra enterarme del tema. Lo que sabía me repelía. ¡No
quería hablar de menstruación con mi madre!

Mi madre me dejó en paz por un tiempo y luego me
dio libros sobre los cambios físicos en las chicas y los
muchachos, durante la adolescencia. Yo estaba un poco
más interesada, aunque todavía no mucho. Entonces,
¿qué hace mi madre? ¡Lleva los libros sobre la menstruación y la maduración a nuestras vacaciones de verano! Una tarde, cuando mi padre y mi hermano se habían ido a pescar, mi madre me dijo: "Pasemos este día
juntas". Su idea de un lindo día era estar sentadas en la
cabaña, con ella leyéndome en voz alta sobre los cambios de mi cuerpo. ¡Uf! Espantoso... horrible... ¡Fue un
día larguísimo! Yo deseaba estar en cualquier parte menos ahí, incluso pescando, aunque odio la pesca. Pero
aprendí muchas cosas ese día, sobre la menstruación y
mi cuerpo. Y, por supuesto, mi madre habló del tema, a
pesar de que yo no le prestara demasiada atención.

Cuando empecé mi período, me alegré de que ella
hubiera conversado conmigo. Empecé mi período en
casa: simplemente fui al baño y cuando me limpié, ahí
estaba. El momento oportuno, por una vez en mi vida.
Sabía qué estaba pasando porque mamá se había esforzado mucho por educarme. Fui a buscar a mamá y le dije: "Creo que me vino". Gracias a Dios, mi madre no le
dio mucha importancia al asunto, se mostró práctica.
Me llevó al baño y me mostró dónde se guardaban las
toallitas. Me dijo cómo usarlas y me dejó tranquila.

No tuve dolores ni problema alguno al principio y sigo sin tenerlos. Sé cuándo están por llegar mis períodos.

Por la mañana tengo una extraña sensación en el estómago, y de tarde empieza mi período. He aprendido qué significa esa sensación extraña. No se trata de dolores o puntadas. Ahora marco mi calendario con una pequeña "x" cuando tengo mi período. Viene una vez por mes por cinco días. Los días 1 y 2 son los días de flujo más intenso; el día 3 es más liviano; el día 4 lo paso por alto y el día 5 tengo un flujo leve. Me llevó un tiempo entender cómo menstrúa mi cuerpo y que el cuarto día es impredecible.

Yo fui la primera de mi clase en empezar mi período, por lo que sé. Ahora mis amigas y yo conversamos sobre el tema y todas están menstruando, a los 14 años. Tenemos una discusión permanente sobre el uso de los tampones. Algunas de nosotras pensamos que los tampones son incómodos y repugnantes. Sólo la idea de meterse algo dentro del cuerpo, de la vagina, suena horrible. Otras amigas mías, incluida yo misma, pensamos que no podríamos vivir sin tampones. Si mis amigas y yo no queremos que alguien, en especial muchachos, sepan de qué estamos hablando, les damos nombres secretos a nuestros períodos.

La de la maduración física y mental es una época difícil de la vida. Asusta y repele. Actualmente, cuando empiezo mi período, no me siento feliz. Cuando termina, sí. Pero no le tengo miedo. No pienso en eso en otros momentos del mes. Afortunadamente, nadie me dijo en aquel entonces: "¡Te has convertido en una mujer!", porque no sentía que me hubiera convertido en una mujer. Hoy, a los 14, creo que cada vez soy más mujer. No siento que mi vida haya cambiado cuando inicié mi período. Lo veo como parte del crecimiento. Es algo por lo que pasa toda mujer. Es bueno saber que puedo crear una vida ahora, pero nunca elegiría hacerlo en este momento de mi vida.

Tengo un hermano de 12 años para el que todo el asunto de la menstruación es poco claro. No me habla del tema y yo tampoco hablo de eso con él. Mi padre estaría dispuesto a hablar conmigo sobre la menstruación, pero no quiero charlarlo con él. No me pregunta nada, ya que sabe que prefiero no tratar el tema. No hablo ni con muchachos ni con mi padre de "estas" cosas. Si necesito información, voy y se la pido a mi mamá. Creo que mis padres conversan acerca de mi maduración, pero eso no me molesta. En tanto yo no tenga que hablar mucho sobre la menstruación, está todo bien.

"No quiero una fiesta." Sarita, 13 años

Antes de que me viniera el período, me preocupaban tres cosas. Primero, tenía miedo de que la gente lo notara. Segundo, tenía miedo del dolor. Había visto a mi medio hermana mayor tendida en el diván, sin querer levantarse, cuando estaba menstruando. Por último, temía que mi madre cumpliera al fin su amenaza de organizar una fiesta cuando a mí me tocara el turno.

Cuando mi madre empezó a hablar sobre la menstruación, realmente me preocupaba la idea de ir un día al baño y encontrar mi bombacha toda ensangrentada. Me cansé tanto de estar preocupada que deseé que mi período llegara pronto. A los once años, volví a casa, después de andar a caballo. Fui al baño y vi un poco de sangre en mi ropa interior. Hice un rollo con mucho papel higiénico y lo metí en la bombacha. No sabía cómo usar las toallas femeninas. Esa noche, cuando mi madre vino a mi cuarto a darme el beso de las buenas noches, le comenté con indiferencia: "Ah, mamá, tengo mi período". "¡Eso es maravilloso!", replicó. Al día siguiente mamá me enseñó a usar los apósitos. La menstruación era un tema que ella trataba libremente.

Mi período no llega con regularidad. Realmente es un fastidio no saber cuándo viene. Me dan terribles calambres que me hacen sentir débil e irritable. No ten-

57

go ganas de hacer nada y no creo ser buena compañía durante mi período. Afortunadamente mi madre no ha organizado la fiesta para mí, ¡por ahora!

"Simplemente estallé." Valeria, 13 años

Para mí, recibir mi período fue una cosa misteriosa y extraña. La primera vez que oí hablar del tema fue en la escuela, donde una mujer lo explicó muy técnicamente. También sonaba a algo malo. Nos dio a cada una un folleto para que leyéramos. Temía comentarle a mi madre lo que había aprendido en la escuela. Eso podía hacer que ella me tratara de manera diferente. Fui a casa y leí el folleto en el baño. Usaba grandes palabras que sonaban raras. Me preocupaba mucho una hemorragia fuera de control. Oculté esos sentimientos ante mi mamá. En realidad, no sé por qué los ocultaba. Supongo que temía tanto su reacción a este tema que, por algún motivo, pensé que me odiaría.

Finalmente, fueron tantos los sentimientos y preguntas guardados que un día estallé. Las lágrimas se me escaparon y sentí que el piso se hundía. Mi madre me abrazó y me tranquilizó. Luego conversamos mucho sobre el tema. Mi madre contestó todas mis preguntas. Cuando tuve mi primer período, no me asusté. Descubrí que estaba bien y que no había de qué tener miedo.

"No deberías preocuparte." Alba, 12 años

Sí, empezó el 9 de marzo. Fue durante 6º grado. Me desperté y tenía sangre en la bombacha. Tenía once años y me asusté tanto que me puse a llorar. No sabía quién más ya había empezado, aunque me sentía muy diferente... También me daba vergüenza. Creía que todo el mundo podía notar que ya estaba con el período. Creo que para mí resultó aterrador.

Al principio era tan irregular que nunca sabía cuándo volvería a suceder. Ahora se ha regularizado y sé casi con exactitud cuándo se presentará. Tener el período no es tan malo. Quiero decir, una se siente un poco más madura que la gente que aún no lo tiene. Lo que me inquietaba era pensar: "Ay, no, estoy creciendo demasiado rápido". Ese pensamiento, de verdad me asustaba. Otra cosa me preocupaba: "Ay, no, ahora puedo quedar embarazada".

Mi vida cambió mucho. A veces estoy algo malhumorada, no tengo el estilo despreocupado normal... siempre riéndome de todos los chistes tontos de mis amigas. La mayoría de ellas no ha tenido su período; siento que ya no encajo como antes. También odio mis cambios de humor. Antes de empezar, yo era muy inmadura. Ahora siento que he madurado y que algunas amigas no.

En realidad, no recuerdo exactamente qué me dijo mi mamá. Sólo una cosa me quedó grabada: "No te preocupes, yo estoy acá". Eso fue lo que dijo cuando empecé. Mi mamá es la persona que me enseñó sobre la menstruación. También me compró muchos libros sobre el tema y cosas para ayudarme a entender mi crecimiento y a los muchachos.

Sólo dos de mis amigas lo han tenido. En realidad, no conversamos sobre eso porque es un poco incómodo hablarlo frente a personas que no han comenzado. Mi consejo para quien no lo tuvo todavía es: "No te preocupes".

"Mi hermana mayor me hizo sentir mejor"
Linda, 13 años

Tenía once años la primera vez que tuve mi período. Era verano y faltaba alrededor de una semana para mi cumpleaños. Había estado trabajando como ayudante en un campamento. Iban a dar una película sobre insectos y otros ayudantes como yo no querían verla, por eso fuimos a la sala de arte a contar historias de terror. Antes de entrar, me di cuenta de que tenía que ir al baño. Fui al más cercano y me bajé la bombacha. Me senté y me di cuenta de que había sangre en la bombacha. Me asusté. Casi de inmediato advertí que se trataba de mi período. No tenía una toalla, de modo que me puse papel higiénico ahí. Volví del baño y me sentí atontada el resto del día. Cuando llegué a casa, me puse una bombacha limpia y una toalla. Luego se lo dije a mi hermana mayor. Su primer comentario fue: "Mi hermanita es una mujer, ahora". Creo que escuchar eso me hizo sentir un poco mejor.

Ahora no me molesta en absoluto. Realmente, no hay de qué preocuparse. Mi recuerdo más antiguo es casi divertido. Mi hermana y una amiga estaban hablando del "asunto". Yo no entendía nada. Pregunté y pregunté, pero no quisieron decirme a qué se referían. Al fin, dijeron algo sobre la sangre y capté la idea. Le pregunté a mi hermana si el "asunto" era su período y así era. Me sentí algo tonta.

"Los chicos se dieron cuenta." Sonia, 13 años

Tuve mi primer período en noviembre. Estaba con mis amigos, caminando por la parte vieja de la ciudad, después de ver una película. Yo había ido al baño y al mirar hacia abajo ¡no podía creer que hubiera llegado el período! Afortunadamente, tenía una moneda y había una máquina de toallas en el baño. Cuando salí, les comenté el asunto a mis dos mejores amigas. Había dos muchachos con nosotras y ellos pronto se dieron cuenta de lo que había pasado.

Después de eso, los chicos que estaban con nosotras averiguaron que mis amigas también tenían ya sus períodos. Empezaron a comportarse de otra manera, como si debieran ser selectivos con lo que dijeran. También dejaron de empujarnos. Empezaron a tratarnos como si fuésemos de porcelana, como si debieran ser muy cuidadosos con nosotras.

Me siento un poco mayor al tener mi período. Creo que tengo más responsabilidades, por ejemplo, cuidar lo que digo y hago, como para evitar que todo el mundo (en mi caso, 7º grado) se entere de que me indispongo. Creo que eso es lo que más cambió desde que llegó mi período. Ahora, mis amigas y yo hablamos de más cosas. Me siento mayor y más madura.

Mi recuerdo más lejano sobre la menstruación es cuando mi mejor amiga se me acercó, dos días después de que me viniera por primera vez, y me dijo: "¡No puedes imaginar lo que pasó cuando me levanté de la cama esta mañana! ¡Me vino!". No recuerdo bien quién me habló sobre la menstruación. Básicamente escuché programas de televisión y charlé con mis amigas, y en clase de ciencias cuando estaba en 6º grado. En alguna parte aprendí qué hacer cuando llega el momento, y a no decírselo a los varones.

Siento que la menstruación es una llave que abre un nuevo mundo, un mundo lleno de responsabilidades y cosas nuevas. Algunas de mis amigas han menstruado, pero unas pocas no. A veces mis amigas y yo hablamos de menstruación, pero en general sólo se discute cuando es "esa época del mes" para alguna de nosotras.

"Tuvimos una charla de mujeres durante el almuerzo." Cristina, 14 años

Tuve mi período cuando tenía once años. Sabía de qué se trataba, porque algunas de mis amigas ya habían pasado por eso. Mi mamá me había comprado toallas y cosas por el estilo, de modo que estuve bastante tranquila. Le dije a mi mamá que había llegado mi período y

61

ella quiso conversar. Me dijo que me sintiera en libertad para hablar de lo que quisiera. Se lo comentó a mi papá, lo que me molestó un poco. Ella me dijo que él también entendía lo de los períodos. Él es hombre, me resulta realmente duro conversar con un hombre, incluso mi papá, sobre el período y cosas por el estilo.

Cuando yo tenía diez años, mi mamá me llevó a almorzar y tuvimos lo que ella llama una "charla de mujeres". Me contó que su mamá, es decir, mi abuela, nunca le había dicho nada sobre la menstruación. De modo que cuando tuvo su primer período se asustó porque no sabía qué era. Lo ocultó por tres días y finalmente se lo dijo a su madre. Mi mamá no quiso que me sucediera lo mismo con algo que era perfectamente natural.

Mi período viene y se va regularmente. Unas pocas veces tuve que pedir prestados unos shorts a alguna amiga porque los míos se habían manchado de sangre. Nada terrible. Lo peor que me pasó fue una vez en clase de ballet. Me miré la malla en el espejo y vi una mancha en la parte de atrás. Me fui corriendo y no quise tomar la clase. Salí del vestuario con los jeans puestos.

Habrán advertido que si bien las chicas necesitaron hablar con su madre, y agradecen que la mamá les haya dado información, de todos modos sienten timidez y pudor e incluso creen que es necesario mantener el secreto. Piense cómo desea encarar la cuestión de la reserva con su hija. ¿Considera correcto usar los nombres en código ("asunto"), o prefiere que ella llame a la menstruación por su nombre? ¿Desea que participen los hombres de la familia? ¿Qué consejo le da en cuanto a pedir a maestros varones que la excusen, o en casos de "accidentes" femeninos, o si los muchachos la ponen en ridículo? Este es el momento de organizar sus ideas y hablar con los miembros de la familia y con otras madres. El paso siguiente es conocer los detalles, para poder responder las preguntas de su hija.

Cosas para hacer

- Relea las historias de las chicas y tome nota de lo que dijeron sobre el modo en que las madres ofrecieron información y apoyo afectivo.

- Tome nota de los entornos en que madres e hijas hablaron sobre la menstruación.

- Describa lo que usted piensa sobre la reserva que las chicas mantienen sobre la menstruación. ¿Es útil, o no?

- Converse con otras madres de jovencitas acerca de la menstruación. Compare notas y planes.

Cosas para pensar

- Cuando usted piensa en su menarca, ¿hay alguna historia en este capítulo que resulta semejante a la suya?

- ¿Qué rol tuvo su madre en su información y su experiencia sobre la menstruación? ¿Cómo quiere que sea su actitud hacia su hija?

- ¿Qué les faltaría saber sobre la menstruación a las chicas de estas historias?

- ¿Cuáles son los obstáculos que enfrentan las chicas cuando les llega el período en la escuela?

- ¿Qué cambios debería haber en las escuelas de modo que el episodio fuese más cómodo para las alumnas?

Repaso de
asuntos básicos

Estudiantes del colegio superior me dicen que no conocen los puntos básicos acerca de la menstruación, que no están seguras de identificar su propia anatomía y que parte del vocabulario les es incomprensible. Son renuentes a hacer preguntas sobre su cuerpo porque no desean parecer desinformadas. Sin embargo, algunas de ellas han querido esa información desde hace años.

Las más pequeñas también quieren enterarse, pero sienten vergüenza. Antes de poder enseñarles, necesitamos conocer los detalles, además de sentirnos cómodas al hablarles de estos temas. Es preciso saber acerca de cambios de humor y hormonas, y también de pubertad, ovulación, paños y tampones.

En toda esta sección hay palabras en bastardillas. También están en el Glosario, con definiciones más amplias, escritas especialmente para chicas jóvenes.

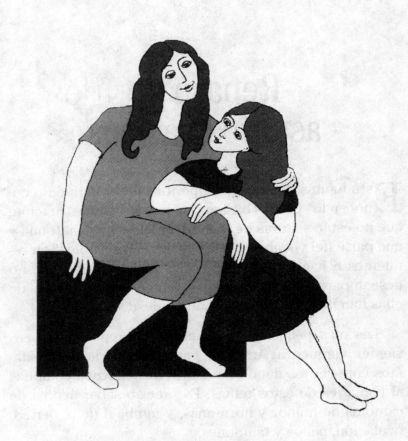

5

Es hora de contarle a su hija cómo está cambiando su cuerpo

La adolescencia es la etapa de transición entre la infancia y la adultez. En general, se considera que la adolescencia es entre los 11 y los 18 años de edad. La pubertad se alcanza durante los primeros años de la adolescencia. Cuando una chica ha llegado a la pubertad, su cuerpo ha madurado sexualmente y puede reproducirse. La definición de pubertad es la misma para los muchachos.

Para una chica, el proceso de maduración sexual se inicia alrededor de los ocho años de edad, cuando la glándula pituitaria alojada en el cerebro comienza una producción mayor de hormonas que estimulan el crecimiento. Esas hormonas son segregadas durante la noche, mientras ella duerme. Estimulan el crecimiento del cuerpo y también a otras hormonas relacionadas con el sexo, que son liberadas en la sangre. Cuando usted empieza a pensar que su hija debe estar creciendo mientras duerme, sin duda ha comenzado la adolescencia.

Es difícil determinar con exactitud cuándo se inicia la maduración sexual, porque los efectos de las secreciones hormonales no se pueden observar inmediatamente. Por lo tanto, el comienzo de la maduración sexual se estima mediante las características sexuales secundarias observables: incremento de altura y peso, desarrollo del busto y crecimiento del vello púbico. La edad promedio para los signos visibles de maduración sexual es aproximadamente 11 a 13 años para las chicas. El comienzo puede variar alrededor de dos años en cada dirección y considerarse dentro de lo normal. Por ejemplo, una chica puede empezar a desarrollarse tan temprano como a los 9 años o tan tarde como a los 15 años y, sin embargo, ser considerada dentro del promedio normal. No es difícil determinar cuándo llegan a la pubertad las chicas. Una vez que tienen su primer ciclo menstrual, llamado menarca, se supone que han alcanzado la madurez sexual. Aunque las chicas no pueden quedar embarazadas durante su primer período, pronto podrán reproducirse.

Si usted nota que su hija está madurando antes de los 7 u 8 años de edad, o si empieza a madurar antes que cualquiera de las chicas de su clase o de sus amigas, le recomiendo que consulte a un pediatra o al médico de la familia. Rara vez hay problemas en la maduración temprana, pero una visita al médico puede reducir la ansiedad.

Indicios de la menarca

Madres (e hijas) desean saber cómo predecir el comienzo del primer flujo menstrual, para estar preparadas. No hay ninguna certeza en la predicción de la menarca, pero aquí tenemos determinados indicios que emplean los médicos. Si en su hija empezó a darse alguno de estos cambios físicos, usted ya debe conversar con ella sobre la menstruación.

Típica secuencia de desarrollo y episodios que predicen la menarca

- Los senos comienzan a desarrollarse con una suave elevación, llamada la etapa del "brote". Luego, los pezones se pigmentan y la aréola que rodea a cada pezón aumenta en tamaño. Algunas chicas se quejan de dolor o de un bulto en un lado más que en el otro. Esto es normal. Tranquilice a su hija en el sentido de que no tiene un tumor o un problema. Muchas chicas sienten cierta hipersensibilidad o inflamación en los pechos antes de la menarca.

- Aparece el vello púbico. En la primera etapa, se debe mirar con atención para ver el vello púbico suave, claro, que parece pelusa. Durante la etapa que sigue, aumenta la cantidad de vello púbico, se torna más enrulado, más espeso y generalmente más oscuro. Cuando este vello cubre más los genitales exteriores (el monte de Venus y los labios mayores), esto significa que la menarca se acerca rápidamente.

- El vello axilar empieza a crecer una vez que se desarrollan los senos y se hace más denso el vello púbico. En algunas chicas, el crecimiento del vello axilar comienza simultáneamente con el del vello púbico y de los senos.

- El útero y la vagina han estado creciendo desde el comienzo de la pubertad, pero ahora los labios mayores y menores y el clítoris aumentan su tamaño. También, las membranas mucosas vaginales se tornan más oscuras, más húmedas, y empiezan a producir una descarga mucosa. Su hija puede preguntarle sobre la descarga y creer que ha empezado a menstruar. Usted puede decirle que aún no ha iniciado su período, pero que esa es una descarga normal y que su cuerpo se está preparando para empezar la menstruación.

- Salen los segundos molares permanentes, que a veces son denominados molares "de los doce años". Están detrás de los primeros molares permanentes y son las muelas posteriores. Suelen salir una vez que se han caído los caninos y molares primarios (también llamados "de leche"). Los segundos molares permanentes suelen ser los últimos en aparecer, salvo las muelas del juicio.

- Empieza el crecimiento tanto en altura como en peso, y se denomina crecimiento repentino. En algunas chicas, el crecimiento repentino comienza hacia la misma época en que se desarrollan los senos. En otras, ese crecimiento se produce inmediatamente antes de la menarca y, en otras, después de la menarca. Durante ese crecimiento, las chicas suelen crecer de cinco a diez centímetros en un año. Normalmente crecen en altura primero, y unos seis meses más tarde, aumentan su peso. Se cree que la cantidad de peso necesario para iniciar la menarca está determinada genéticamente. Para empezar la menstruación, una chica debe tener aproximadamente un cuarto de su peso total en grasa corporal. Muchos médicos usan los 45 kilos como punto de referencia. Por lo tanto, las que son más altas y más pesadas que sus pares, tienen mayores probabilidades de iniciar sus períodos más temprano. Para que las chicas continúen la menstruación, deben mantener un peso levemente mayor que el de la primera vez que menstruaron. Las chicas que son delgadas, que se dedican a un esforzado atletismo o que están enfermas por un largo tiempo, puede que empiecen su período más tarde que otras de la misma edad. En el curso de unos pocos años a partir de la menarca, las chicas completan su crecimiento repentino y alcanzan su altura y peso adultos. Los investigadores han descubierto que las chicas que comienzan su crecimiento repentino temprano, dejan de crecer antes y las que lo inician más tarde lo terminan más tarde. Independientemente del momento en que su hija entra en la adolescencia, el crecimiento acelerado y la madurez sexual llevan cerca de tres o cuatro años. La mayoría alcanza su altura y peso adultos a la edad de catorce o dieciséis años.

Los profesionales médicos dividen el crecimiento infantil y adolescente en cinco etapas, que emplean para evaluar la maduración adolescente. En el Glosario se incluyen ilustraciones y descripciones de una Escala de Clasificación de la madurez sexual tanto para el desarrollo del busto como para el crecimiento del vello púbico(ver páginas 183 y 199, respectivamente).

Si usted tiene preguntas acerca del momento o de cualquier otro aspecto de la menarca, conviene que consulte con un pediatra, un médico de la familia o una clínica de salud familiar. Son raros los casos en que una chica puede iniciar la menarca demasiado temprano o demasiado tarde debido a un desequilibrio hormonal.

¿Cómo lo explico?

Es un verdadero desafío explicarles los cambios corporales a las chicas de 7 u 8 años. A esa edad, ellas no pueden absorber los detalles complicados relativos a la menstruación, en una única clase o conversación. Sus relojes físicos se han adelantado a sus relojes cognitivo y emocional. Por lo tanto, les resulta difícil comprender y visualizar de inmediato que los cambios internos en su cuerpo las llevarán a su maduración. Además, necesitan tiempo para sentirse lo bastante cómodas con este tema como para formular sus preguntas.

71

Iniciar la primera charla puede resultar embarazoso, por muchísimas razones. A menudo las madres están un poco nerviosas, las hijas están ocupadas en otra cosa, y la menstruación parece lejana. La mayoría de las madres informan que pueden reunir el coraje y lograr la atención de sus hijas cuando encuentran un sitio tranquilo. Las madres me han comentado charlas en cocinas, baños, salas, coches, trenes, restaurantes. De hecho, casi cualquier sitio tranquilo donde madre e hija puedan estar a solas es bueno.

Por lo general, las charlas sobre los cambios del cuerpo y el flujo menstrual causan turbación en las niñas pequeñas. Cuando se les pregunta, no saben bien por qué se incomodan, pero es lo que les sucede. Sospecho que esa turbación tiene que ver con todo lo relativo al área genital, su falta de control de los procesos corporales y su temor a lo desconocido. Esas preocupaciones pueden hacer que se muestren inquietas, preocupadas, avergonzadas o que simulen desinterés. Aunque su hija parezca molesta o dé a entender que lo está, siga manteniendo breves charlas con ella porque, sea evidente o no, escucha lo que usted le dice.

Preparé el breve panorama que sigue sobre la maduración y el proceso menstrual en un lenguaje apropiado para chicas jóvenes. Hay diagramas en las páginas 75, 76 y 77. Se presenta una explicación más profunda de la menstruación y las influencias hormonales en la Explicación avanzada de la menstruación, al final del libro.

El cuerpo de las chicas empieza a crecer y madurar alrededor de los 9 ó 10 años de edad. Los cuerpos de todas las chicas cambian y crecen, para que las niñas se conviertan en mujeres adultas. Un día, tu cuerpo empezará a cambiar (o tu cuerpo ya ha empezado a cambiar). El primer cambio que puedes ver es que estás un poco más alta y pesas más. Esto se denomina "aceleración del crecimiento". Es el inicio del crecimiento de caderas y muslos y de la formación de tu cintura para tener el cuerpo de una mujer madura. A otras chicas empiezan a desarrollárseles primero los pechos. De cualquier manera, al crecimiento repentino o al desarrollo del busto le sigue el crecimiento de un vello suave y claro en el área púbica, llamado vello púbico. (Tal vez quieras comentar qué raro suena esta palabra. De hecho, muchas de estas palabras suenan raras a los oídos jóvenes.)

Cuando el cuerpo de una chica comienza a madurar, sus glándulas sudoríparas producen más sudor o transpiración. Durante la adolescencia, la transpiración empieza a tener un olor diferente, más intenso, que denominamos olor corporal. Cuando tú lo notes, o si lo noto yo, hablaremos sobre el uso de desodorante.

Otro cosa que sucede cuando está creciendo el cuerpo de las chicas se denomina menstruación. A muchas chicas se le presenta entre la edad de 11 a 13 años, pero también puede ser un poco antes o después. Deberemos esperar para ver cuándo comienzas a madurar y luego a menstruar. (Si su hija ya está mostrando signos externos de crecimiento, hágale saber que su cuerpo ya ha empezado a madurar y coméntele los signos que usted ha observado.)

Una vez que usted ha dicho algo parecido a la explicación anterior, conviene que hable sobre "Cuando yo tenía tu edad...". A las hijas les encanta escuchar la historia del crecimiento de sus padres, porque las ayuda a sentirse normales. Esto se verifica, en particular, respecto de la maduración y la menstruación. Es siempre una buena idea agregar experiencias personales sobre el crecimiento repentino, la aparición del vello púbico y el desarrollo del busto.

Una vez que usted se haya referido a la maduración física temprana, el paso siguiente es tratar la menstruación. De hecho, muchas chicas preguntan sobre esta, en cuanto se concluye la charla sobre la maduración y el crecimiento repentino. Otras, puede que esperen hasta más adelante. En cualquier caso, usted debe estar preparada. Lo que sigue es un panorama de la menstruación.

La menstruación es una función corporal que se presenta cuando las chicas crecen y maduran. Los muchachos no menstrúan, de modo que se trata de algo especial y único de las chicas. El cuerpo de las chicas empieza a prepararse para la menstruación cuando una pequeña glándula (la glándula pituitaria) del cerebro libera hormonas especiales. Esas hormonas, liberadas cuando las chicas tienen alrededor de ocho años, se desplazan a través de los vasos sanguíneos hasta los órganos de la pelvis.

Las hormonas actúan como mensajeros y le indican al cuerpo de una chica que comience a crecer y desarrollarse, primero por dentro y luego, un poco más tarde, por fuera. Empiezan a crecer partes del cuerpo que sólo tienen las chicas, tales como el útero, la vagina y los ovarios. Una vez que estos han crecido durante unos pocos años, el cuerpo está pronto para comenzar la menstruación.

La menstruación es algo que sucede dentro del cuerpo de una mujer y le permite a ella tener bebés. Primero madura un óvulo. Son muy pequeños y sólo se los puede ver con un microscopio. Miles de óvulos están almacenados en pequeñas bolsas llamadas folículos. Los folículos están situados en los dos ovarios. Un ovario está ubicado a la derecha y el otro a la izquierda del área pélvica.

Órganos sexuales femeninos internos

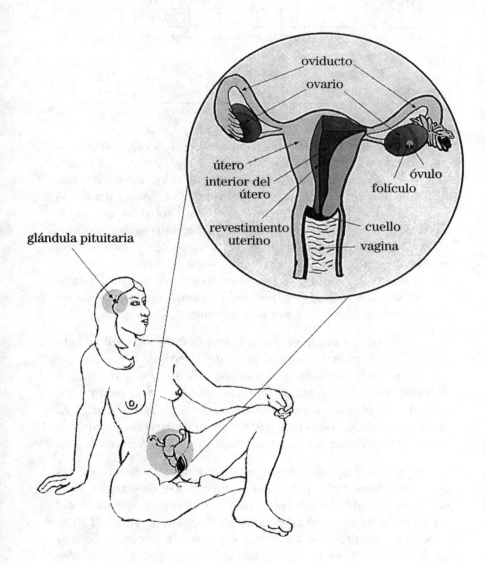

Ciclo menstrual por días

Menstruación					Preovulación							
1	2	3	4	5	6	7	8	9	10	11	12	13
El revestimiento uterino se desintegra y es despedido. El flujo de sangre dura 3-7 días.					Se forma el revestimiento uterino y madura el óvulo.							

Apenas iniciada la menstruación, un óvulo empieza a madurar, proceso que necesita entre 14 y 17 días. El óvulo, incluso cuando está maduro, es todavía muy, muy diminuto y sólo puede verse con un microscopio. Cuando un óvulo está maduro y preparado, salta desde su folículo dentro de un ovario a un oviducto (llamado también trompa de Falopio). Cuando un óvulo salta o es liberado de un ovario, eso se llama ovulación. El óvulo se desplaza entonces por el oviducto hasta que llega a la parte superior del útero. Algunas chicas sienten una ligera puntada cuando ovulan, otras no sienten nada. Ambas cosas son normales.

Mientras un óvulo está madurando en el ovario, se está formando el revestimiento dentro del útero. El revestimiento uterino está formado por sangre, células y mucosidad. A veces la gente se refiere al revestimiento uterino como a un nido donde el óvulo fertilizado crece durante el embarazo. El revestimiento uterino nutre al óvulo en desarrollo en caso de que este haya sido fertilizado por un espermatozoide.

Si el óvulo no está fertilizado (que es la mayoría de las veces) es despedido junto con la formación de sangre, tejidos y mucosidad del revestimiento uterino. Esa salida del revestimiento uterino se denomina flujo menstrual. El flujo menstrual se produce alrededor de una vez por mes. Se trata de una pérdida natural, saludable, de tejidos corporales del útero. Al flujo menstrual se lo denomina a veces sangre menstrual, menstruar o tener un período.

Ovulación		Premenstruación											
14	15	16	17	18	19	20	21	22	23	24	25	26	27	28
El óvulo sale del ovario.		El óvulo se desplaza por el oviducto. El revestimiento uterino sigue engrosándose.											

Las primeras veces que una chica tiene su flujo menstrual, puede ser tan leve que la joven tal vez no sepa con certeza si ha tenido su período, de modo que podría ignorarlo. El flujo menstrual es leve porque la formación de revestimiento uterino es delgada, al principio. Cuando el flujo menstrual sale por la vagina, suele parecer más marrón o rojo oscuro que rojo brillante. Cuando las chicas están esperando la sangre menstrual, no piensan que la mancha amarronada en su bombacha es flujo menstrual, pero podría serlo. Algunas no le prestan atención a la mancha amarronada y siguen como si nada hubiese sucedido. A veces, piensan que se han lastimado. Por favor, dime si tienes alguna mancha. Podemos decidir juntas si nos parece que has empezado la menstruación o no.

Esto es mucha información. Para el momento en que hayan mirado los diagramas, usted y su hija estarán prontas para un descanso. Usted puede revisar dichos datos con tanta frecuencia como sea necesaria. En cada oportunidad que se presente, úsela como apertura para repetir conceptos, términos e información. No existe tal cosa como la repetición excesiva. Las profesoras de la escuela secundaria me dicen que muchas estudiantes de 16 años desconocen los nombres correctos de su anatomía reproductiva. Algunas no saben si las chicas o los muchachos tienen vagina o escroto.

Las charlas sobre la menstruación suelen implicar conversaciones sobre la reproducción sexual y la fertilización del óvulo. Muchas chicas no quieren oír hablar de eso, en tanto otras sí formulan preguntas. La reproducción sexual se trata en el Glosario. Por ahora, sigamos explicando la menstruación, ya que las chicas y las mujeres menstrúan con independencia de que lleguen a embarazarse.

Inmediatamente antes de la menarca, algunas chicas notan que sus senos se vuelven hipersensibles o inflamados. La hipersensibilidad de los senos es una señal de que la menstruación está en camino. Es el producto de los cambios hormonales que determinan la menstruación, y habitualmente dura sólo unos pocos días. Esta hipersensibilidad suele presentárseles a chicas y mujeres, antes de sus períodos menstruales.

Una vez que se ha iniciado el flujo menstrual, normalmente continúa durante tres a cinco días. De tres a seis cucharadas de sangre menstrual son descargadas lentamente durante esos días y noches. Las mujeres difieren en el número de días del flujo, en la cantidad y en el ritmo del mismo. Con la experiencia, cada una advierte su propio patrón.

En cuanto comienza el flujo menstrual, el cuerpo empieza a formar lentamente el revestimiento uterino, mientras madura un óvulo en un ovario. Una vez iniciado, este proceso se repite cada mes durante la adultez. Por eso se piensa en la menstruación como en un ciclo, como las estaciones del año y las fases de la luna.

Cada mes, el cuerpo femenino repite el ciclo menstrual. Durante los dos o tres primeros años de la menstruación, el ciclo de una chica puede ser irregular. Esto es muy normal. El ciclo menstrual es irregular tanto en la cantidad de días que se menstrúa (o se tiene flujo menstrual) como en la cantidad de días entre un período y otro. La razón es que las jóvenes no ovulan cada mes y, por lo tanto, no menstrúan mensualmente. Los ciclos se vuelven más regulares a medida que te vuelves mayor.

A veces a las chicas les falta hierro, lo que puede conducir a la anemia. Aproximadamente, el nueve por ciento de las chicas de entre doce y quince años y alrededor del once por ciento de las que tienen entre dieciséis y diecinueve años son deficientes en hierro. Su cuerpo necesita hierro adicional para formar más glóbulos rojos. Como la cantidad de glóbulos rojos perdidos durante la menstruación depende de la magnitud del flujo, deberá pedirle a su hija que le diga si tiene un abundante flujo menstrual. Usted podría decirle algo así: *si menstrúas más de tres a cinco días, por favor, házmelo saber. Además, si tu flujo es abundante y cambias de toalla o tampón con mayor frecuencia que cada tres a cuatro horas, o si usas más toallas cada día que lo habitual, por favor, dímelo. Podrías estar baja en hierro por la pérdida de glóbulos rojos durante la menstruación o por una combinación de la menstruación y una dieta pobre en hierro. El único modo de saberlo con seguridad es que visitemos a tu médico. Podrías necesitar tomar multivitaminas con hierro.*

Las dos mujeres siguientes, Cristina y Carolina, recuerdan experiencias distintas en el aprendizaje de la menstruación. Cristina no tenía a nadie que le diera la información básica, mientras que la madre de Carolina era abierta y estaba dispuesta a hablar de la menstruación. Las dos chicas se sintieron aliviadas cuando se enteraron de los detalles correspondientes. Por incómodas que las niñas se sientan o demuestren estar durante las charlas sobre la maduración o la menstruación, tener la información básica siempre es mejor que no tenerla.

Años de experiencia

"¿Tienen períodos las monjas?"
Cristina, 44 años

Debí marcharme de mi casa a los diez años porque mis padres no podían hacerse cargo de mi hermano ni de mí. Mi madre y yo nunca hablamos de la menstruación o del crecimiento antes de que me fuera a vivir a un hogar de tránsito por un año y medio. Mary, mi madre de adopción, y yo nos llevábamos bien, pero no tuvimos ocasión de hablar sobre la pubertad o los cambios de mi cuerpo.

Mi primera experiencia en cuanto a convertirme en mujer fue cuando tenía once años. Los muchachos de la escuela se burlaban de mí porque tenía vello en las piernas. Me sentía muy molesta. Fui a mi hogar adoptivo un día y me encerré en el baño. Una vez que estuve en ese lugar seguro, hice correr el agua en la bañera y me afeité las piernas. Ni siquiera le pedí permiso a mi madre adoptiva. Tenía miedo de que me dijera "¡No!". Ella notó que me había afeitado, pero no me dijo ni una palabra. Yo pensé que no le importaba si me afeitaba o no.

Mi hermano y yo no nos llevábamos bien. Pedí que me pusieran en otro hogar de tránsito. Mi asistente social me colocó en un hogar para chicas. Se trataba de una escuela católica manejada por monjas. Allí vivían unas 120 chicas, además del personal. Las monjas nunca nos hablaban de nuestro cuerpo y los cambios que se producían en nosotras. Un día, cuando yo estaba en séptimo grado y próxima a cumplir doce años, fui al baño antes de mi clase siguiente. Para mi sorpresa, tenía un puntito de sangre en la bombacha. No recuerdo haberme asustado. Tampoco sabía qué significaba.

Ese verano me puse muy gorda. Crecí doce centímetros y mis senos empezaron a desarrollarse. Una de las chicas de la escuela me dijo: "¿No crees que es hora de que empieces a usar corpiño?". Miré hacia abajo y, para mi sorpresa, tenía pechos. No tenía idea de lo que le estaba sucediendo a mi cuerpo.

Pasaron unos seis meses antes de que volviera a encontrar sangre. Para entonces, algunas de mis amigas también habían empezado a menstruar. De alguna manera suponíamos que estábamos comenzando a tener nuestros períodos. Nadie explicó nunca qué significaba ese término. Debemos haber recibido esta información de algunas de las chicas mayores. La hermana Elizabeth me dio un cinturón sanitario y algunas toallas higiénicas. Me dijo cómo usarlos sin explicarme qué era un período. A mí nunca se me ocurrió pensar qué estaba sucediéndole a mi cuerpo. Supongo que a la hermana Elizabeth le avergonzaba explicarlo. Yo me preguntaba: "¿Tendrán períodos las monjas?".

Cuando mi hija cumplió nueve años, debí hablarle sobre la menstruación, sin turbarme como la hermana Elizabeth. Esto es lo que recuerdo que le dije:

"Es un honor ser mujer. Cuando empieces a tener tu período, puedes experimentar dolores de estómago, que se conocen como espasmos. Puedes tener mucho sueño o mal humor, y eso es normal. Tus períodos a menudo serán irregulares durante el primer año. Tenemos períodos para que podamos tener bebés. Tu vientre (útero) es donde el bebé puede vivir por nueve meses mientras se desarrolla, crece y se prepara para nacer. El período es el modo que tiene el cuerpo de prepararse para la realización de ese milagro.

Cada mes, un revestimiento de sangre y tejidos en el útero espera que se libere un óvulo del ovario y al espermatozoide del hombre para fertilizar el óvulo. Cuando se encuentran óvulo y espermatozoide, empiezan a formar un bebé. Si el óvulo no es fertilizado, el vientre descarga sangre y revestimiento a través de la vagina y por la abertura vaginal que está entre tus piernas. Por eso deberás usar una toalla femenina o un tampón cuando estés teniendo tu flujo menstrual. Todo este proceso se produce alrededor de una vez por mes. El lapso varía, pero lo más común para la mayoría es cada 28 días, aproximadamente".

Mi hija hizo preguntas sobre lo que yo le había dicho. Estaba bastante bien preparada para su primer período. Luego vino un momento difícil. Mi hija me pidió que le mostrara cómo usar el tampón. El acto físico de mostrárselo me hizo sentir incómoda. Me sentí torpe y nerviosa. Mi hija vino a casa con una amiga, poco después de la lección sobre el tampón, y me pidió que le mostrara a la amiga cómo usarlo. Supuse que yo había hecho una buena tarea, ya que me traía a otra alumna. Pero puse límites: le dije a mi hija que ella debería ser la maestra de su amiga. Mientras escuchaba cómo le daba información a su amiga, pensé en aquellas monjas y me pregunté quién les habría hablado a ellas sobre la menstruación.

"Las mamás son una gran ayuda"
Carolina, 18 años

La primera vez que tuve mi período, tenía alrededor de 13 años. Enferma con un virus estomacal, me sentía bastante mal. De verdad no supe que había llegado mi período hasta que fui al baño. Mientras estaba ahí, noté unas manchas de sangre en la bombacha. Me sentí muy contenta con todo el tema de la menstruación. En una cuestión de segundos, me había transformado de una chica joven en una mujer. Ese momento fue para mí una experiencia realmente excitante.

Fui a hablar con mi madre. Al principio, se mostró preocupada. Imaginó que algo andaba muy mal, dado que había estado enferma. Cuando le dije lo que había sucedido, se sintió feliz y aliviada. Mi madre había sido muy honesta y abierta respecto de la menstruación cada vez que le había hecho preguntas. Me contó sobre la época en que era adolescente y que había tenido que usar esas toallas de tela con los cinturones para mantenerlas en su sitio. ¡Qué horrible! Siempre trataba de hacerme sentir mejor comentándome los muchos tipos diferentes de toallas y tampones que se podían comprar. Me recordó que cada mujer puede elegir la clase de toalla o tampón que la hace sentir cómoda durante el período.

Poder conversar con mi mamá sobre mi período, realmente me ayudó a atravesar un momento de cierta confusión. Saber que mi mamá había pasado por lo mismo que yo estaba viviendo me hacía sentir más cómoda con la menstruación, mi nueva amiga, y también conmigo misma. Pensé que si lo mismo le sucedía a mi mamá, entonces yo debía ser normal y no tenía de qué preocuparme. A la edad de trece años, yo solía preocuparme por casi todo. En esos tiempos, parecía que si una era un tanto diferente, estaba condenada a ser una proscripta para siempre.

Después de comentarle a mi mamá acerca de las manchas de sangre, me dio una toalla para que la usara. ¡Qué molestia! Me sentía como si hubiese vuelto a ser un bebé con uno de esos pañales voluminosos que no dejan filtrar nada. Fue la peor sensación de mi vida. Pronto ella me llevó a un supermercado a comprar toallas. Fue sin duda una experiencia interesante. Nunca había imaginado que hubiera tantos tipos diferentes de protección para elegir. Me mareaba tanta abundancia. Hoy juzgo esa salida de compras como una de las grandes ocasiones de mi vida. Recuerdo que me inclinaba sobre el carrito del supermercado, casi "agonizante". Era como si hubiese engordado 15 kilos en un día y todo mi cuerpo parecía gemir de dolor: una combinación del período y el problema estomacal.

Cuando llegamos a casa, mamá me habló de los pájaros y las abejas. Estoy segura de que todas las madres dan cierta charla sobre el sexo hacia el momento de la menstruación. Me dijo que ahora me estaba acercando a la adultez y podía tener hijos. Luego agregó rápidamente: "Espera unos años, ¡por favor!". Por entonces, no me interesaban los muchachos y la idea del sexo me repelía. Mamá acentuó que yo podía seguir haciendo deportes porque la menstruación no me causaría ningún problema. En realidad, es muy saludable hacer ejercicios durante la época de la menstruación.

Además de lo que me dijo mi madre, he aprendido por experiencia que me siento algo malhumorada porque las hormonas cambian mientras mi cuerpo despide el material innecesario. Las hormonas cambian con tal rapidez que se desequilibran un tanto. Eso me pone molesta y me altero con facilidad.

Por fortuna, soy una de esas mujeres que rara vez se ven afectadas por cólicos. Cuando los tengo, lo mejor que puedo hacer es dormir una siesta. Eso parece detener el dolor en unos treinta minutos.

Aunque me sentí instantáneamente una mujer el día en que se inició mi primer período, hicieron falta varios años y muchas otras experiencias para que fuera realmente mujer. Estoy feliz de haber tenido a mi mamá para que me ayudara el primer día de mi período y me guiara en posteriores experiencias femeninas.

Ahora usted tiene una buena revisión de la terminología menstrual, ejemplos del lenguaje apropiado para emplear con las chicas jóvenes, y diagramas fáciles de entender. Además, tiene dos historias: la de Cristina que no estaba preparada y la de Carolina que estaba preparada para la menstruación. ¿De qué manera desea que su hija recuerde su menarca?

Cosas para hacer

Es tiempo de iniciar las conversaciones con su hija.

- Busque un lugar tranquilo donde usted y su hija puedan estar a solas.

- Inicie una charla muy sencilla sobre el crecimiento y la maduración de ella.

- Unos pocos días después, o la semana siguiente, empiece a hablar con ella de la menstruación y muéstrele los diagramas de este capítulo.

- Mantenga el diálogo abierto, en especial cuando las oportunidades se presentan solas, por ejemplo, cuando aparece un aviso de toallas femeninas en la televisión o cuando otra persona de la casa tiene su período.

Cosas para pensar

- ¿Fue su primera experiencia de menstruación como la de Carolina o como la de Cristina?

- ¿Qué sensación tenían las mujeres de esas historias respecto de su preparación previa al inicio de la menstruación? ¿Cuál era su grado de información?

- ¿Qué le gustaría que su hija recordara sobre las conversaciones que tuvieron juntas?

6

Lo que su hija debería saber sobre toallas y tampones

Las chicas desean saber cómo actuar ante la menstruación, pero a menudo temen preguntar. Les preocupa no estar preparadas cuando comienza su período. Les inquieta que se les manche la ropa con sangre y lo vergonzante que eso sería. Les preocupa saber qué hacer con toallas y tampones usados. Por lo tanto, es importante que las madres inicien diálogos sobre toallas y tampones en cuanto comienzan las conversaciones sobre la menstruación. Es más que probable que su hija haya oído o pronto oiga a otras chicas comentando sus historias de terror sobre la higiene. Probablemente usted recuerde haber hablado con sus amigas acerca de alguien que tuvo su período cuando lucía pantalones blancos, qué importante era no permitir nunca que los muchachos supieran que una tenía su período, y qué molesto puede ser para las chicas iniciar el período de manera inesperada. Usted ha tenido años de experiencia en los que aprendió a encarar inconvenientes de higiene y sorpresas relacionadas con la menstruación. Nadie aprende a manejar esas nuevas responsabilidades en una fácil lección, y su hija necesitará inicialmente su ayuda en esos asuntos.

Las madres que se muestran tranquilas cuando tratan los aspectos higiénicos de la menstruación ayudan a sus hijas a tener la confianza necesaria para integrar con comodidad estas nuevas costumbres a su vida cotidiana. Conviene recordar cómo se sintió usted con los problemas de higiene: molesta o turbada por unos pocos días, pero no dañada para siempre. La risa es sin duda el mejor abordaje; puede ayudar a todos a sobrevivir a esos meses traumáticos en que la menstruación es impredecible y los métodos de higiene poco familiares.

Explicar el uso de toallas higiénicas y tampones

Cuando usted explica el uso de toallas higiénicas y tampones, trate de recordar historias o episodios que le sucedieron a usted o a sus amigas cuando aprendieron a usar esos elementos. A las hijas suele gustarles ese tipo de información. Eso sirve para conectarlas con usted y sus experiencias de crecimiento. El uso correcto de toallas y tampones es, por cierto, una habilidad adquirida. Muchas de las historias de este libro narran episodios humorísticos en relación con elementos sanitarios. Quizás, estos relatos sobre el aprendizaje del uso de toallas y tampones traerán más recuerdos.

Compre toallas antes de que ella empiece

Las opciones actuales en higiene femenina son sorprendentes comparadas con sólo una generación atrás. Es una buena idea comprar una variedad de marcas y tamaños de toallas y permitirle a su hija experimentar —antes de que tenga su primer período— hasta que encuentre las que le resulten más cómodas. No la haga experimentar con tampones si aún no tiene su período: no es fácil introducir y extraer un tampón de una vagina seca.

Ustedes dos pueden hacer juntas una salida de compras para adquirir las provisiones, o bien usted puede pedirle que la acompañe en su visita semanal al supermercado. A las chicas jóvenes suele darles vergüenza tener que comprar productos sanitarios. Si usted no la acompaña, es probable que ella no vaya. Para que la mayoría de las chicas compren solas productos de higiene femenina, hace falta cierto tiempo o enfrentarse a una angustiosa necesidad. Contarle sus primeras salidas a comprar elementos higiénicos puede aliviar la tensión. Compartir los terrores imaginarios de que las compañeras de clase las vean en el sector de la higiene femenina o en la caja del supermercado, y lo que cada una de ustedes haría en ese caso, puede ser motivo de risas.

Una vez que los elementos de protección están en el hogar, revise con su hija los detalles de cada estilo. Muéstrele exactamente cómo usar las toallas autoadhesivas en la bombacha. Explíquele que las toallas están hechas con un material que absorbe el flujo menstrual. Las maxi toallas son para los días de flujo más intenso, y las mini toallas para los días de flujo más ligero.

A las chicas, normalmente, les agrada tener esas charlas con la madre, en privado. Muchas madres informan que una vez que conversan sobre el uso de las toallas, se las muestran a sus hijas y les dicen cómo se usan, las jóvenes tienen necesidad de hacer un corte. Con frecuencia, al principio se sienten molestas o muestran un aire de incredulidad total. Usted puede dejar las toallas en el baño o en el dormitorio de su hija y sugerir simplemente que ella experimente. Más tarde, ese día o al día siguiente, pregúntele qué toallas le resultaron más cómodas.

Incluso después de iniciada la menstruación, pasan meses antes de que la mayoría de las chicas aprendan los detalles de su flujo menstrual. Siga hablando con su hija sobre las toallas higiénicas después de que comience a menstruar. Puede necesitar más sugerencias y guía.

Es importante explicar la frecuencia con que se deben cambiar las toallas. Los médicos recomiendan que se las cambie cada tres o cuatro horas. Los días de flujo intenso, algunas chicas cambian sus toallas cada par de horas. Los días de flujo más ligero, las toallas pueden cambiarse cada cuatro horas. Además, usted puede explicarle qué toallas son mejores para su uso durante la noche.

¿Cuándo una chica está lista para los tampones?

Sin duda, su hija habrá oído hablar de los tampones, tanto acerca de cuán maravillosos como de cuán repugnantes son, o ambas cosas. En cualquier caso, ella debe tener dudas. En el pasado se creía que no era bueno que las chicas usaran tampones antes de estar casadas o de tener bebés. Hoy, los médicos dicen que los tampones son aptos para las chicas jóvenes. No hay ninguna razón médica para que no usen tampones. Pero su propia creencia, religión o cultura puede influir en su decisión acerca de que su hija los utilice.

El uso de tampones ha causado ciertos conflictos entre madres e hijas. Una de las principales preocupaciones es la creencia de que los tampones pueden rasgar el himen. Mucha gente sigue creyendo que el uso de tampones es inapropiado para las jóvenes vírgenes. En la actualidad se piensa que las chicas jóvenes pueden rasgar su himen mediante una variedad de experiencias cotidianas, como andar en bicicleta o a caballo, o hacer deportes. El himen es un tejido muy delicado que cubre parcialmente la entrada a la vagina y se rompe con facilidad. Una chica puede ser virgen aunque el himen esté rasgado o no sangre durante la relación sexual. Si usted tiene reservas en cuanto a que su hija use tampones, debería tratar el asunto con ella.

Las hijas deben entender la diferencia entre toallas y tampones. Los tampones son diferentes de las toallas higiénicas, porque absorben el flujo menstrual antes de que salga de la vagina. Por esta razón, se los debe insertar en la vagina. Los tampones son pequeños rollos de algodón o sustancias semejantes al algodón, con un cordón asegurado a un extremo. El cordón se usa para tirar del tampón y sacarlo de la vagina. Algunos tampones vienen con aplicadores plásticos o de cartón que ayudan a guiarlos e insertarlos en la vagina. La ventaja de usar el tampón con aplicador es que resulta más fácil de insertar. Otros tampones no tienen aplicadores y producen menos residuos porque no se utiliza ni cartón ni plástico. Como los jóvenes tienen una inclinación a la ecología, el hecho de que los tampones sin aplicadores son la mejor opción ecológica es algo que hay que acordarse de mencionar.

Muchas chicas temen que los tampones se pierdan dentro de su cuerpo, pero en realidad, eso no puede ocurrir. Los tampones permanecen en la vagina y no pueden desplazarse hacia otra parte. No pueden pasar al útero a través del cuello, porque este es demasiado estrecho. La mayoría de las chicas necesitan ayuda extra para aprender el uso de los tampones. Las instrucciones y los diagramas en las cajas de tampones pueden resultarles confusos.

A las chicas suele gustarles la idea de los tampones, pero puede no serles grato tocarse el área genital. Deben saber que tienen que usar los dedos para abrir sus labios mayores y sus labios menores y guiar el tampón hacia dentro de la vagina, aunque estén usando tampones con aplicador. Además, puede ayudar la posición del cuerpo. Estar tendida de espalda, de pie con una pierna levantada al borde de la bañera o sentada en el inodoro, puede hacer más fácil el deslizamiento del tampón en la vagina. Cuando está aprendiendo a usar tampones, tal vez deba esperar un día de flujo más intenso. Introducir y extraer un tampón es más fácil los días de flujo intenso, pero también es más fácil ensuciarse. Esta simple información puede ahorrarle a su hija muchísimas molestias.

Retirar el tampón sólo implica tirar del cordón, para que se deslice y salga de la abertura vaginal. Es importante que le recuerde a su hija que se lave las manos después de cambiarse un tampón. Cuando le diga esto, tal vez ella la mire con sumo disgusto. "¿Cómo pudiste pensar que yo no lo haría?", es probable que le pregunte.

Los días de menstruación ligera, suele ser más difícil retirar un tampón. La sustancia algodonosa se habrá expandido para captar el flujo menstrual, y puede no haber fluidos suficientes para que se deslice suavemente al salir. En vez de entrar en pánico, la chica puede levantar una pierna y ponerla sobre la tapa del inodoro o sobre la bañera, acuclillarse o tenderse de espaldas para que la abertura vaginal se expanda. Estas son las mismas posiciones que empleó para insertar el tampón. Además, recuérdele que puede pedirle ayuda a usted o a cualquier mujer experimentada en el uso de tampones.

Cambio de tampones

Los médicos recomiendan el cambio de tampones cada tres o cuatro horas, lo mismo que con las toallas. Es de especial importancia cambiar los tampones a menudo para evitar una enfermedad rara pero seria que se llama Síndrome de shock tóxico (SST). Se cree que una causa del SST es usar el mismo tampón por un período muy prolongado. El tampón puede atrapar bacterias en la vagina. Es una enfermedad causada por una infección bacteriana que se difunde rápidamente por el cuerpo y puede provocar la muerte. Los síntomas incluyen fiebre alta (habitualmente más de 39°), diarrea, vómitos y un sarpullido rojizo que parece una quemadura de sol. El sarpullido se suele encontrar en el estómago, la espalda y el cuello, pero también puede presentarse en las manos y los pies. Después de un tiempo, empieza a caer la piel donde había sarpullido. Es más fácil ver que se ha caído la piel de las palmas de las manos y de los pies. Si alguien tiene esos síntomas, debe llamar al médico de inmediato. Si se usa un tampón, hay que retirarlo y avisarle al médico que se había estado usando un tampón.

El error más frecuente con los tampones es olvidarse de retirarlos. Dígale a su hija que debe insertar el dedo índice o medio muy adentro, en la vagina, por si hubiera algún tampón olvidado. Si ella huele algún olor extraño o tiene alguna otra sensación de que se ha olvidado de retirar un tampón, entonces siempre conviene controlar. Su hija debe estar dispuesta a controlarse o a ir a ver a un médico si sospecha que tiene un tampón alojado en la vagina. Recuérdele a ella el SST. Dado que se recomienda cambiar el tampón cada cuatro horas, entonces tiene sentido no irse a dormir con un tampón puesto. Se debe usar una toalla mientras se duerme. El riesgo de SST aumenta con la absorbencia alta de los tampones. Utilice un tampón de absorbencia tan baja como sea posible. Hay más información sobre el SST en el Glosario. Es una enfermedad rara, pero seria.

Eliminación de toallas y tampones

Su hija deseará saber qué debe hacer con toallas y tampones usados. Las toallas no se deben echar en el inodoro, porque se atascan en la cañería. Es probable que el agua rebase el inodoro y vuelvan a subir las toallas usadas. Innecesario decirlo, ¡puede resultar molesto! Por cierto, es más molesto que tirar la toalla en otro lugar. La mayoría de los inodoros permiten que se arroje un tampón y su envoltorio, pero no siempre esto es así. Lea la caja para ver si los envoltorios pueden des-

93

cartarse en el inodoro. Se les debe recordar a las niñas esta información, ya que puede ser tentador arrojar todo al inodoro. Indíquele a su hija que la mayoría de las toallas vienen ahora con un envoltorio semejante a un sobre para meter dentro las usadas. Sugiero que le muestre a su hija cómo se hace eso con una toalla nueva, para que ella sepa qué hacer cuando llegue el momento. También, si la toalla no tiene uno de esos envoltorios, muéstrele a su hija cómo envolver la toalla usada en papel higiénico, e indíquele dónde puede tirarla, en especial en lugares públicos.

Alternativas a toallas y tampones estándar

Hay profesionales de la salud y gente con preocupación por la ecología que cree que el proceso de blanqueado contamina las toallas, los tampones y el agua que se emplea en ese proceso. Además del blanqueado, toallas y tampones pasan por baños ácidos y sodas cáusticas que incrementan el poder de absorción durante su manufactura, pero que exponen a las mujeres aún más a contaminantes. En la actualidad, hay varios estilos y marcas de toallas y tampones no blanqueados que se pueden adquirir en negocios que venden elementos y comidas naturales.

Existe también un nuevo producto para la protección de la higiene femenina. Se parece a un diafragma e ingresa en la vagina deslizándose hasta el cuello. Toma el flujo menstrual antes de que salga de la vagina y cuando se lo retira, se lo puede tirar como una toalla sanitaria.

Explicar "con el trapo" (modismo inglés)

"Con el trapo" es una antigua expresión. A las chicas suele molestarles la explicación, pero creo que ellas deben entender cómo manejaban sus antepasados el flujo menstrual. Hasta hace alrededor de ochenta años no había toallas higiénicas a la venta, todo se hacía en la casa, utilizando trapos de algodón limpios. Muchas de las abuelas y bisabuelas de ustedes debían usar trapos para absorber el flujo menstrual. Si bien no se hablaba de la menstruación, esas muchachas recurrían a trapos para absorber su flujo menstrual; luego los lavaban y los volvían a usar.

No fue hasta 1921 que las primeras toallas higiénicas descartables fueron manufacturadas por Kimberly-Clark y se llamaban Kotex. En 1927, Johnson & Johnson introdujeron Modess. Esas dos compañías tenían una porción tan grande del mercado de toallas higiénicas descartables que la mayoría de las mujeres se referían a ellas por el nombre de Modess. Luego vino el primer tampón descartable, Tampax, que fue comercializado en 1933. Como ustedes saben, ahora hay muchas opciones.

Hoy, "con el trapo" tiene connotaciones negativas en países de habla inglesa, al igual que en idioma español "con la regla". Algunos hombres emplean la expresión "con la regla" para indicar que una mujer está enojada o se comporta irracionalmente. Por ejemplo, si un muchacho acusa a una chica de estar "con la regla", generalmente eso no tiene nada que ver con el hecho de que ella tenga su período o no. No es agradable para una chica que la traten así, y usted le puede decir a su hija que si alguna vez la acusan de estar "con la regla" puede decir "Eso es una antigüedad" o dar alguna otra réplica neutral en lugar de sentirse insultada. Lamentablemente, algunos varones revelan su inmadurez usando un lenguaje sexista que trata de intimidar a chicas y mujeres.

En el curso de los años, las chicas han ideado palabras en código y expresiones para hacerles saber a las otras cuándo tienen su período. Algunas chicas hablan de su "amigo Andrés" o de la "visita que recibieron". Es de esperar que usted pueda recordar las frases en código para indicar a sus amigas que era "esa época del mes". A su hija le encantará conocer tales expresiones y dichos.

Manejo del fino arte de usar toallas y tampones

"Tampones atascados." Samantha, 24 años

Tengo once años y me siento mal. Estoy en casa, aburrida. Voy al baño y abro el "cajón del período" de mi madre. El "cajón del período" es el nombre que le doy al sitio donde mi mamá guarda todas las cosas interesantes; tampones que huelen bien y parecen torpedos, maxi toallas que son como almohadas para muñecas, y mini toallas que tienen pegamento en la parte posterior para poder adherirlas a la ropa interior.

Mis favoritos son los tampones. Saco la caja con la mujer de vestido suelto en la parte exterior. Extraigo unos diez tampones y los abro. Lleno la pileta de agua y voy metiendo los tampones uno por uno. Me encanta verlos expandirse en el agua —¡puf!— como una bella flor blanca. Aunque una los exprima bien, nunca vuelven a abrirse tan bellamente como la primera vez.

Juego con esos tampones por alrededor de media hora y luego empiezo a aburrirme de nuevo. Decido ponerme un tampón como lo muestran las figuras del papelito que viene con la caja. Encuentro el lugar en el papel y leo las instrucciones unas 50 billones de veces. Desenvuelvo el tampón, pongo el aplicador dentro de mí y lenta, lentamente empujo para sacar el tampón del aplicador y meterlo en su sitio dentro de mi vagina. ¡Lo hice! Ningún problema, no me molesta en absoluto. Es magnífico, ni siquiera lo siento.

Ahora pienso que es hora de sacarlo. Oh, Dios, no sale. ¡Se atascó! El corazón me late muy rápidamente. Tendré que ir a ver al médico. Tendré que decirle al doctor que estúpidamente me metí un tampón y ahora no puedo sacarlo. Me dirá: "Tienes razón, eres estúpida, ahora tendremos que operarte". "No", pienso, no iré a ver al médico. Empiezo a tirar del cordoncito y tiro, tiro hasta que siento que, con tanto tirar, todo mi cuerpo queda dado vuelta como una media. Al fin se mueve. Mientras sigo tirando, el tampón sale lentamente. Nunca, jamás, me pondré un tampón, prometí ese día.

Tengo trece años y medio. De verdad estoy empezando a preguntarme si soy normal. Tal vez las enfermeras me cambiaron por un chico en la nursery del hospital. No tengo período y mis pechos son muy, muy pequeños. Hace dos años, mis amigas y yo hablábamos constantemente sobre el período. Ahora que todas ellas tienen su período, de repente se callan. ¡Sorprendente! De pronto, empiezan a decir cosas como "problemas de chica", "esa época del mes", "mi amiga está de visita", "con el asunto", y "llegó mi primo Andrés". Por qué no lo dicen directamente: "Todas estamos con el período. Somos mujeres maduras que menstrúan, elevadas a la condición de mártires cinco días de cada mes, y tú, Samantha, eres una niña". No puedo creer que ellas sean mis amigas.

Tengo catorce años. Estoy de campamento con mi mejor amiga y su familia. ¿Adivinen quién tiene su período? Exacto, yo, Samantha, ¡reina por un día! El mejor día de toda mi vida. Mejor que un baile lento con David. Mejor que cualquier primer beso. Soy mujer, ¡escúchenme rugir! Un pequeño problema, no hay toallas, sólo tampones, y ni siquiera tampones con aplicador. Son tampones O.B. (Obviamente Bizarros). De modo que nosotras (mi mejor amiga, su mamá y yo), todas entramos al bosque y yo me detengo detrás del árbol más próximo. La mamá de Sonia está tratando de explicarme dónde debo ponerme ese O.B. "Abre los labios de tu vagina. Busca el orificio que está después del orificio por el que haces pis." Me inmoviliza el temor al pensar en mi última experiencia con los tampones. Al mismo tiempo, estoy tan nerviosa que me tiemblan las manos. Intento e intento, pero este rollo de algodón se va para cualquier parte menos dentro de mí. Rendida, salgo de detrás del árbol. Tengo la bombacha alrededor de los tobillos. "No puedo encontrar el orificio."

Todas abandonamos. Pliego un par de bombachas sucias y las meto en mi ropa interior para que sirvan como toalla gigante. Mi flujo es casi cero, y mañana volvemos a la civilización, de modo que puedo arreglarme con estas bombachas. Cada vez que creo que nadie está mirando, meto la cabeza entre las piernas en busca de filtraciones. Me aterroriza que se detenga mi período, ya que es tan leve. No hago más que pensar: ¡sangre!, ¡sangre!, ¡sangre!, en la esperanza de enviar un mensaje a mi útero para que siga produciendo por unos pocos días. Lo mejor es que al fin podía sentirme tan grande como mi amiga Sonia, que en realidad tiene un año menos que yo.

Cuando llego a casa, le comento a mi mamá y más tarde a mi hermana mayor, Mary. Lo primero que hace Mary es llevarme al baño y tratar de convencerme para que use un tampón. ¿Qué sucede conmigo y los tampones? ¡Es como una maldición o algo así! Ella trata de mostrarme cómo ponerlo. Estoy sentada en el inodoro con las piernas abiertas y Mary está mirando mi vagina. Rápidamente salta hacia atrás y sigue dándome instrucciones al mismo tiempo. Esa es toda la atención que mi hermana me ha dado en el curso de toda mi vida, y me encanta. Cuando salimos del baño, mi mamá me pregunta: "¿Te acordaste de sacar el aplicador?". Debe pensar que soy estúpida o algo así. "No, mamá, me puse la caja completa." Me molestan mucho sus preguntas tontas.

Deseo hablar con alguien, de modo que llamo a mi mejor amiga, Sonia. Le digo que mi hermana me enseñó a usar un tampón. ¡Silencio! Volvemos a lo mismo. Nadie quiere hablar. De modo que estoy enamorada de mi período a solas. Puedo cambiar mi maxi toalla (que tiene un total de un octavo de cuchara de té de sangre) alrededor de 60 (bueno, no tantas) veces por día. Pasa un mes y mi deseo de sangre se convierte en realidad. ¡Y cómo se convierte en realidad! Sangro muchísimo por nueve días completos. No puedo creerlo. Me está hartando este asunto del período.

Tengo diecisiete años. Estoy viviendo con mi tía y mi tío y sus cuatro hijos. Una de mis primas tiene ocho años y quiere saber todo sobre su cuerpo y el mío. Le permito que venga al baño conmigo y que vea cómo me pongo un tampón. (Finalmente cedí. Ahora hasta me gustan los tampones a veces.) Mi prima también me ha visto usar una toalla nocturna. A veces me siento un poco incómoda, pero realmente me gusta permitirle ver a ella todas las cosas sobre las que yo tenía una curiosidad desesperante. Por cierto, no deseo que haga algo estúpido como meterse un tampón en la vagina cuando no está menstruando: su vagina está seca y puede asustarse si se atasca el tampón. Después de todo, ¿para qué están las primas mayores?

"En Washington venden los Súper"
Nadia, 23 años

Yo estaba en noveno grado y tenía catorce años, cuando tuve mi primer período. Recuerdo mi edad porque me sentía atrasada respecto de las otras chicas. Todo el mundo, incluida mi mejor amiga, Carmen, y mi hermana Dawn, ambas dos años menores que yo, ya tenían su período. Le dije a mi madre: "Llegó mi período". Su respuesta fue: "Buscaremos toallas. Te durará unos cinco días. Si eres como yo, el sangrado será muy ligero". Eso fue todo. Yo no pregunté nada más y no se me ofreció nada. Supongo que pensé que eso era todo.

Después de mi primer período, no volví a tenerlo por tres meses. Esos tres meses fueron los de las vacaciones de verano antes de empezar mi tercer año en la escuela secundaria. Siempre he sido muy activa físicamente. Tal vez eso tuviera que ver con el hecho de que mi período nunca fue muy regular. Mi período venía cuando quería, con independencia del calendario. No podía contar los días y tratar de estimar cuándo lo tendría, para poder estar preparada.

Quería tener especial cuidado por si mi período venía un día en que tuviera que ir a la escuela. La risa más grande (si le pasaba a una amiga) o el día de mayor turbación (si le pasaba a una) era aquel en que una u otra chica caminaba por la escuela con una mancha roja y grande en el trasero de los pantalones, de la falda o de lo que fuera que tuviera puesto. Este parecía ser el temor universal para todas nosotras. Hacíamos cosas como caminar delante de nuestras amigas para que ellas pudieran ver si había algún indicio de punto rojo. También nos comentábamos si se nos veía la toalla.

Bueno, yo nunca anduve por ahí con una mancha roja en el trasero, pero puedo recordar muchas ocasiones en las que inesperadamente tuve mi período en la escuela. Nunca estaba preparada. Para mí, eso significaba ir a la enfermería de la escuela. ¡Qué experiencia! La encargada te da ese apósito, no cualquier apósito. Era un apósito que hubiera servido para un elefante. También te daban dos alfileres de gancho para que pudieras sujetarte esa toalla a la ropa interior. Con ese apósito para elefantes entre las piernas, una caminaba como si acabara de apearse de un caballo. Una tiene un bulto delante y detrás, porque es muy largo. Para evitar la toalla enorme, yo llamaba a mi madre y ella me alcanzaba una toalla más moderna, de las pequeñas con el material adherente en la parte posterior para que se pegue a la ropa, nada de alfileres. A veces mi madre daba permiso y me iba de la escuela a mi casa. Siempre me he preguntado por qué las escuelas nunca nos proveían de toallas modernas.

Cuando ya fui un poco mayor, llegué a la conclusión de que las toallas eran un gran inconveniente, pues yo era muy activa y me encantaba nadar. Hablé con mi mejor amiga, Carla, y le dije que deseaba probar los tampones. A ella le pareció que era una gran idea y que debíamos probarlos juntas. Sucedió que hicimos un viaje a Washington, a la casa de campo de la abuela de Carla. Pensamos que ese sería el momento perfecto para ir al negocio a comprar tampones. Estábamos seguras de que nadie nos reconocería en Washington. Un día decidimos ir caminando hasta el comercio más próximo. Era un pequeño almacén de ramos generales, a unos pocos kilómetros. Cuando llegamos allá, vagamos por el local y al fin dimos con el sitio donde estaban los tampones. Esperábamos que nadie nos viera ahí.

Ninguna de las dos quería tomar la caja de tampones. No estoy segura quién fue la que tomó la caja apresuradamente. Corrimos hasta la caja, pagamos y salimos corriendo del negocio. Cuando estuvimos afuera, a las dos nos faltaba el aliento debido a los nervios. Nos sonreímos mutuamente, como diciéndonos: "¡Lo logramos!".

Iniciamos nuestra marcha de regreso a la casa. Por supuesto, queríamos echarle una mirada a lo que acabábamos de comprar. Saqué la caja de tampones de la bolsa. En la caja, noté una palabra grande: "Súper". De alguna manera, comprendí que se refería al tamaño. Abrí la caja y extraje uno. A mí me pareció enorme. Me sentí enojada, o debería decir decepcionada, de que no hubiéramos tenido más cuidado. Luego pensé que tal vez podríamos usarlos. Después de todo, sólo pensábamos probarlos. Cuando se lo mencioné a Carla, ella me dijo: "De ninguna manera". Furiosa por el hecho de que no hubiéramos logrado lo que planeábamos hacer, arrojé la caja abierta de tampones al suelo y continuamos nuestra lenta marcha de regreso a la casa de campo.

Llovió al día siguiente. Debíamos ir en el coche a la ciudad, con la abuela de Carla. Sabíamos que esa era la ruta donde habíamos abandonado los tampones. También sabíamos que estarían todos hinchados con el agua de la lluvia. Tuvimos que esforzarnos para mantenernos serenas cuando pasamos cerca. Hoy sigue siendo una broma entre nosotras. Cuando Carla y yo nos vemos, todo lo que debo hacer es decir "súper" y nos reímos y hablamos sobre nuestra experiencia en Washington.

Cuando volvimos de Washington, las dos tuvimos nuestro período, de modo que fuimos al negocio a intentarlo una vez más. Esta vez, con una idea más clara de lo que queríamos, o debería decir, con una idea más clara de lo que no queríamos. De todos modos, estábamos nerviosas, pero logramos comprar el tamaño correcto. Los llevamos a la casa de Carla. Abrimos la caja y leímos toda la literatura incluida sobre los tampones y cómo usarlos. Además leímos acerca del síndrome de shock tóxico. Eso nos asustó, pero la idea de usar apósitos por el resto de nuestra vida también era insoportable. Decidimos que valía la pena correr el riesgo. Llevé un tampón y las instrucciones al baño, donde lo probé. No fue difícil. A veces no lo sentía bien colocado y debía quitarlo y volver a ponerlo. Con la práctica, me convertí en una maestra en el uso de tampones. También Carla.

Como se pueden dar cuenta, mi madre y yo no hablábamos mucho sobre el período. Yo sabía que lo tendría, pero no sabía por qué o qué clase de cambios estaban teniendo lugar en mi cuerpo. Me he hecho adulta sintiéndome poco educada en cuanto a mi propio cuerpo. Todavía leo libros para aprender al respecto. Sigo hablando con mis amigas, como Carla, sobre lo que está sucediendo en mí y también ella me cuenta sus cambios.

Tal vez ahora usted pueda recordar sus propias escapadas relativas a las compras de artículos de higiene femenina. Está preparada para responder cualquier pregunta de su hija. Incluso es posible que pueda prever muchos de los temores de ella y encarar sus preocupaciones aunque no haga preguntas.

Cosas para hacer

- Lleve a su hija al sector de higiene femenina de la farmacia o el supermercado, para comprar algunas toa-

103

llas y tampones. Esto le permitirá a ella ver la variedad de artículos disponibles. La salida de compras juntas también le da a su hija la experiencia de que la vean en ese sector particular sin morir de vergüenza, que es lo que muchas chicas juran que harán: morir de vergüenza.

- Haga que las mujeres que menstrúan en la casa pongan sus toallas y tampones en una canasta o caja en la parte posterior del inodoro. Esta práctica facilita el uso de estos artículos y también desencadena preguntas de los miembros de la familia que pueden desear conversar más sobre la menstruación, incluidos los muchachos y los hombres de la casa. Al poner esos productos de higiene femenina al descubierto, se reducen la vergüenza y la reserva que innecesariamente se asocian con la menstruación.

- Mida de tres a ocho cucharadas de agua y ponga en ella colorante rojo para alimentos. Esta es la cantidad promedio de flujo menstrual que las mujeres descargan cada mes. Tome una toalla o un tampón y permita que su hija experimente, observando cómo uno u otro absorben esa cantidad de líquido.

Cosas para pensar

- ¿Recuerda algún episodio humorístico relativo a la menstruación, que la hizo sentir más cerca de una amiga o un miembro de la familia? ¿Ha compartido sus recuerdos con ella últimamente, o alguna vez? ¿Le ha comentado a su hija estas experiencias?

- ¿Qué le enseñó su madre, o alguna otra mujer importante en su vida, sobre el uso de tampones? ¿Está preparada para instruir a su hija sobre el uso de ellos?

- ¿Por qué ha elegido los productos de higiene femenina que usa ahora?

- ¿Con qué amigas habla sobre la menstruación? ¿Con qué miembros de la familia le resulta incómodo referirse acerca de este tema?

7

Cuesta hacer frente a los cambios de humor, los calambres y los SP

Todo padre de un adolescente sabe que los cambios de humor son normales. En un momento, su hija o su hijo se muestra alegre y cariñoso y un rato más tarde él o ella sale como una tromba gritando que usted no entiende nada. Además de los cambios emocionales normales relacionados con la adolescencia, muchas chicas deben enfrentar también los síndromes premenstruales y los calambres. Las nuevas realidades de la vida de una joven pueden crear gran estrés en el ambiente de su familia. Lamentablemente, nuestra cultura le agrega combustible al fuego emocional, con sus expectativas poco realistas en cuanto al peso y la belleza de las jóvenes que están madurando.

Hay poca investigación científica que arroje luz sobre el asunto de los cambios de humor, salvo el hecho de que se producen. Algunos investigadores piensan que el trastorno emocional impredecible en las chicas tiene como origen los cambios hormonales, y otros creen que la culpable es la presión de la sociedad sobre los adolescentes. Es probable que ambas cosas contribuyan. Es importante conversar con su hija sobre sus cambios de humor, ya que la hará sentirse mejor saber que son normales.

Hormonas incontenibles

Muchos investigadores médicos piensan que como varias hormonas comienzan su producción durante la pubertad, tienen peso sobre los altibajos emocionales. Sin embargo, no hay pruebas clínicas o de la sangre que confirmen esta relación. Muchos varones de ese grupo de edad también pasan por cambios de humor semejantes. Pero sus alteraciones de temperamento no suelen atribuirse a su mayor producción de hormonas. Es obvio que se deben realizar más investigaciones para determinar qué parte cumplen las hormonas en el humor de los adolescentes.

Un grupo de investigadores estudió las fluctuaciones del estado de ánimo de mujeres y varones durante un mes de treinta días. Descubrieron que ambos tienen fluctuaciones en el estado de ánimo durante el mes, aunque los varones no tienen la misma variación amplia en los niveles hormonales que las mujeres. Algunos cambios de humor no se deberían atribuir por completo a las hormonas.

Hormonas femeninas

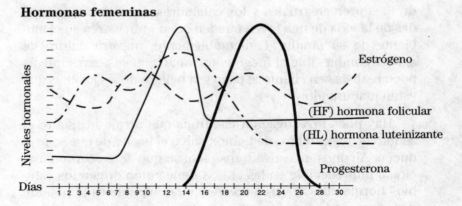

108

El gráfico de la página 108, de la producción de hormonas en las mujeres durante un típico ciclo de 28 días, es una fuerte evidencia de que tienen lugar significativas modificaciones químicas en el cuerpo de las chicas que menstrúan. Lo que aún se debe determinar es si esos cambios son la causa de las fluctuaciones de humor.

Tampoco se han estudiado muy ampliamente los cambios de humor de la premenarquia (antes del primer período). No obstante, parece ser que una vez que se segregan las hormonas al comienzo de la adolescencia temprana (alrededor de los 8 ó 9 años de edad), muchas chicas empiezan a experimentar cambios en su estado de ánimo. Como la mayoría no tiene conciencia de que esas hormonas están en la corriente sanguínea de esas niñas, es fácil entender que se interpreten mal los cambios de humor de ellas.

Muchas chicas se sienten tan preocupadas por su estado de ánimo impredecible como lo están los adultos que las rodean. A menudo no saben qué ha causado su estallido de lágrimas, de enojo o incluso de ira. Pueden llorar hasta cuando se fuerzan por no hacerlo. No desean decirles cosas crueles a aquellos a los que aman, pero las palabras salen de todas maneras.

Ante los primeros signos de los inexplicables cambios de humor (que podrían ser a la edad de 8 a 11 años), empiece a registrar en un calendario los cambios de humor inesperados de su hija. Su conducta temperamental puede seguir un ciclo o patrón. Haga un registro durante al menos tres a seis meses, antes de decidir si lo hay o no. Algunas madres informan que los sentimientos de sus hijas parecen más susceptibles hacia la misma época de cada mes. Por ejemplo, las chicas pueden mostrarse más irritables y con menor tolerancia a las críticas hacia el comienzo de la mayoría de los meses, pero pueden manejar mejor la crítica desde mediados hasta fin de mes. Si usted sabe que algunas épocas del mes son más difíciles para su hija, espere unos pocos días para hacerle una sugerencia, y ella podrá recibirla más fácilmente o al menos no rechazarla de plano.

Presiones culturales

Algunos investigadores creen que los cambios de humor adolescentes, tanto previos como posteriores a la menarquia, son causados por la presión adicional de los padres, los maestros, los amigos y los medios, más que por las fluctuaciones hormonales. Las tres presiones básicas son: parecer y actuar de manera perfecta, ser querida, y desempeñarse bien en la escuela. Lamentablemente, hacia el comienzo de la adolescencia, las chicas han aprendido que a veces es mejor no demostrar que saben más que los muchachos (u otras chicas, también). De modo que una presión básica (el buen desempeño) está en conflicto directo con otra (ser querida). ¡Una situación crítica! Como la mayoría de las chicas adolescentes no logran estar a la altura de todos esos objetivos, se producen frustraciones que ellas expresan mediante lágrimas, gritos, muecas de fastidio o rabia.

Las chicas jóvenes viven en un mundo que les envía mensajes conflictivos: los programas televisivos, las películas, los videos musicales y la publicidad las incitan a ser objetos sexuales bellos y delgados; al mismo tiempo los padres y los maestros las estimulan a ser estudiantes inteligentes, motivadas, saludables y felices. Su hija está creciendo y madurando y cierto incremento del peso es normal y necesario durante la adolescencia. Asegúrese de explicarle que el crecimiento de su cuerpo es normal y que este es el momento de seguir una dieta saludable y balanceada. Usted y ella pueden planear una guía alimentaria diaria. Si usted necesita ayuda, el pediatra o el médico clínico pueden proporcionar materiales sobre los requerimientos nutricionales de los adolescentes.

Tomar conciencia de los cambios del propio cuerpo es parte del crecimiento y la maduración. Las chicas adolescentes creen que su nariz, sus pies o su pelo son feos, demasiado grandes o chicos, o demasiado "algo". Una joven puede estar insatisfecha con cualquier parte de su cuerpo en esa etapa. Nuestra sociedad trata todo el tiempo de convencernos de que no estamos bien tal como somos, de que necesitamos ciertos productos y servicios para ser aceptables. No iríamos a comprar cosas que nos hagan más atractivos si no aceptáramos esa manera de pensar. Lamentablemente, comparar cuerpos es una forma de evaluar cómo nos adecuamos al mundo. Las chicas adolescentes son especialmente vulnerables a la crítica, la provocación y el acoso respecto de su cuerpo y, por esta razón, necesitan la aceptación y la guía de los adultos.

Es claro el mensaje para los adultos. Debemos alentar a nuestras hijas a aceptar su cuerpo, cuando inician el camino a la femineidad. Sin embargo, nadie puede estar a la altura de los inalcanzables mensajes de los medios. Hasta las modelos que admiramos se quejan de no estar del todo "bien" todavía, de que necesitan aumentar un poco esto y disminuir un poco aquello. Madres y padres son la principal defensa para contrarrestar esos peligrosos mensajes que pueden generar una autoimagen negativa en las hijas. Debe dársele prioridad a lo que está dentro de nosotros y que hace que cada uno sea especial, no al cuerpo.

A la mayoría de las mujeres les resulta difícil aceptar su cuerpo en cualquier etapa de la vida. Teniendo esto presente, respete los sentimientos de su hija y protéjala de situaciones potencialmente embarazosas, toda vez que sea posible. Ayúdela a aprender reglas sociales, respete su necesidad de privacidad, tome en serio sus preocupaciones, y sobre todo no se burle de ella. Ella actúa seriamente, mientras lucha con su cuerpo cambiante y la conciencia de sí misma en evolución como adolescente.

A las chicas adolescentes también se las presiona para que sean más independientes de sus padres, pero con frecuencia no se sienten seguras en la escuela o en sus comunidades. Cuando se les pregunta, las chicas hablan de su temor al ataque físico o a que las ridiculicen verbalmente. Este tipo de temor o aprensión sin duda puede causar gran frustración entre las chicas que están tratando de lograr cierto sentido de control sobre su vida. Puede ayudar que los padres discutan con ellas temas como la independencia y la seguridad. Averigüe qué le preocupa a su hija y qué desea realmente. Si teme que la ataquen, inscríbala en un curso de defensa personal. Si la escuela no es segura, reúnase con el director y trate de cambiar las cosas. A menudo, las amigas compiten por privilegios para los que su hija puede no sentirse preparada. Atienda lo que ella dice, pero tome usted la decisión y luego manténgala. Lo común es que su hija se sienta agradecida por los límites, en tanto sepa que usted ampliará sus privilegios a medida que sea más grande.

Qué hacer con los estallidos

He hablado sobre las maneras de evitar los estallidos emocionales: no se deben tocar temas difíciles cuando la chica está sensible, se debe tener conciencia de su ciclo y adecuar las demandas, corresponde apoyar sus logros y hablar sobre sus temores. ¿Qué hace usted si ella está aullando en este mismo momento?

- No aúlle usted también. No sirve de nada y sólo aumenta el conflicto.

- Dígale: "Te estoy escuchando y sé que estás molesta. No tengo nada útil que decirte en este momento. Hablaremos luego".

- Si ella sigue gritando, ordénele que se vaya a su cuarto.

- Si llora, abrácela y consuélela (mientras ella se serena).

- Trate de compartir la responsabilidad. Usted puede decirle algo como: "Las dos necesitamos tiempo para pensar en esto. Luego hablaremos más del tema".

- Cuando se calme, demuéstrele que no está enojada con ella (sólo con su conducta). Ofrézcale un bocado o inclúyala en algo que usted esté haciendo.

Un último pensamiento sobre las emociones fuertes. Si su hija amenaza con hacer daño o violencia contra sí misma u otros, si está deprimida con frecuencia, si tiene notas bajas o malas, si empieza a faltar o abandona la escuela, si muestra poco o ningún interés en su vida en la escuela o fuera de ella, entonces necesita ayuda inmediata. Estas son las señales de que algo la está perturbando seriamente. Tales conductas no son propias del desarrollo adolescente normal. Busque apoyo: consulte al médico de su familia, al pediatra o al consejero de la escuela para que la remita a un especialista en terapia psicológica para adolescentes.

La buena noticia es que las hijas sobreviven a esos años de lágrimas, enojo, rebelión y cambio, y también sobreviven los padres. Esa es una época de gran lucha para su hija, pero puede superarla y convertirse en una joven mujer saludable y armónica, con la adecuada aceptación y paciencia suya y de los otros miembros de la familia.

Calambres menstruales

Usted también debe informarle a su hija acerca de los calambres menstruales. La mayoría de las chicas no tienen mucha información sobre los calambres, pero a medida que crezcan es probable que oigan a otras chicas que se refieren al tema. Si no le ha hablado a su hija de los calambres, lo más probable es que ella se preocupe o que entre en pánico cuando otras chicas describan los calambres y los dolores menstruales.

Algunas mujeres padecen calambres o dolor y otras no. Las que sufren calambres tienden a sufrirlos en la zona abdominal o en la parte inferior de la espalda. Las estimaciones corrientes son de un 50 a un 75 por ciento de adolescentes o jóvenes adultas que sufren incomodidades menstruales. Las mujeres tienen una amplia variedad de respuestas corporales normales a la menstruación, el parto y la menopausia. Algunas tienen muy poca o ninguna incomodidad, mientras otras sufren mucho dolor. Esta falta de predecibilidad es una de las razones de que a las mujeres a menudo les digan que el dolor menstrual "está todo en la cabeza".

El hecho de que las madres no tengan calambres no significa que sus hijas no los tengan. Del mismo modo, tampoco es cierto que porque la madre sufra calambres, la hija deba padecerlos. Además, el cuerpo de las chicas cambia con la edad. Las muchachas que no experimentan calambres durante los primeros años de menstruación pueden empezar a tenerlos, y las chicas que sufren calambres, al parecer pueden superarlos. Dado que la aparición de calambres es difícil de predecir, es importante hacerle saber a su hija que puede hablar con usted sobre sus preocupaciones, temores, ansias y dolores.

Se producen calambres cuando se contraen los músculos del útero para ayudar a despedir el revestimiento uterino. Una sustancia semejante a una hormona denominada prostaglandina es la que causa los calambres. Hoy sabemos que las mujeres con niveles incrementados de prostaglandina tienden a informar una incidencia más alta de calambres durante la menstruación. Los calambres severos pueden tener como consecuencia la náusea y la jaqueca. Como no se sabe si su hija tendrá calambres menstruales o no, conviene decirle que algunas mujeres tienen calambres, pero otras tienen muy poco o ningún dolor durante la menstruación. Pídale que le comunique si siente calambres o dolor en la zona abdominal o en la parte inferior de la espalda. Entre las dos pueden decidir qué decisión adoptar. Hay útiles medicamentos de venta libre para el dolor menstrual y las jaquecas. Le recomiendo la visita al médico, si el dolor de su hija persiste aun después de haber ingerido uno de esos medicamentos de venta libre.

Si usted o su hija tienen calambres menstruales, aquí damos unas pocas sugerencias que no requieren medicaciones. Los médicos suelen recomendar la reducción de las comidas saladas, las bebidas cafeinadas, el chocolate y los dulces. Al reducir o eliminar esos alimentos, se retiene menos agua y se alivian los calambres. Haga una dieta saludable rica en hidratos de carbono, tales como frutas, verduras, granos, cereales, y baja en grasas, tales como manteca, aliño para ensaladas, aceite, mayonesa. El moderado ejercicio físico aeróbico, por ejemplo jogging, natación, bicicleta, etc., también es útil para reducir los calambres. Algunas chicas y mujeres usan una almohadilla caliente o una bolsa de agua caliente para amortiguar sus calambres. Los masajes en la espalda y en la zona inferior de la espalda también ayudan a atenuar el dolor y la incomodidad de los calambres. Otras mujeres beben tés de hierbas para reducirlos. El té de hojas de frambuesa es el que más se recomienda. Además, algunas mujeres toman suplementos de calcio y magnesio por varios días antes del comienzo del período y luego siguen hasta que termina el flujo. Otras comentan que un suplemento de vitamina B-6 o de complejo B, durante su período, las ayuda a reducir el dolor. Consulte a su médico antes de darle suplementos a su hija.

El dolor menstrual es una de las principales causas de ausentismo escolar entre las chicas adolescentes. Póngase en contacto con la escuela de su hija y vea si la enfermera de la escuela (o alguna otra persona de la institución) da medicamentos de venta libre para los calambres menstruales. ¿Envían a las chicas a su casa? ¿Notifican a los padres? ¿Pueden las chicas llevar sus medicamentos de venta libre a la escuela? ¿Se les permite salir de clase para tomar esos medicamentos o atender otras necesidades menstruales? Cada escuela tiene sus políticas respecto del ciclo menstrual de las alumnas. Si usted descubre que las políticas de la escuela son inflexibles o poco realistas respecto de las necesidades de tiempo, privacidad, y personal de apoyo para las niñas, entonces hay dos cursos de acción básicos. Primero, usted y su hija pueden planificar una estrategia específica para las necesidades y preocupaciones de la joven. Segundo, usted puede trabajar para cambiar las políticas escolares, de manera que satisfagan las necesidades de las jóvenes que requieren flexibilidad y apoyo mientras van conociendo los cambios de su cuerpo en maduración.

Explicar el síndrome premenstrual

Los calambres menstruales no son parte del síndrome premenstrual (SP). Es útil explicar que los calambres menstruales se presentan durante el flujo menstrual, mientras que el SP se verifica de una a dos semanas antes del inicio del flujo menstrual y desaparece una vez que ha comenzado el período.

El SP no es muy bien entendido. Aparece después de la ovulación, cuando los niveles de progesterona se elevan en relación con el estrógeno. Se trata de un proceso natural, pero sigue siendo poco claro por qué algunas mujeres tienen síntomas y otras no. Los síntomas del SP incluyen dolores de cabeza, aumento de peso, blandura del pecho debido a la retención de agua, brotes de acné, mayor deseo de alimentos ricos en azúcar o sal, y sensación de irritabilidad o depresión. Cualquiera puede presentar uno, dos o más de estos síntomas y no tener SP. El SP es más difícil de diagnosticar de lo que piensa la mayoría de la gente. Los síntomas pueden estar relacionados con el SP sólo si se inician después de la ovulación y desaparecen cuando empieza el flujo menstrual. Si persisten los síntomas después del período, no son causados por la misma relación hormonal que el SP.

El SP es controvertido tanto en la literatura médica como en la experiencia común. A los investigadores médicos les resulta difícil estudiar, diagnosticar y tratar ese síndrome, porque los síntomas que se presentan en una mujer pueden no darse en otras. El SP parece ser informado por alrededor del 50% de las mujeres que menstrúan. Para hacerlo aún más difícil de estudiar, las mujeres con síntomas de SP dicen que algunos meses son mejores o peores que otros.

En muchas chicas, los síntomas de SP pueden tratarse siguiendo las sugerencias para el alivio de los calambres. Es muy importante reducir la ingesta de cafeína. Luego, se debe alentar el ejercicio aeróbico. Tras seguir estas sugerencias, si su hija sigue sufriendo de SP, es hora de consultar a su médico.

Lamentablemente, el SP se ha convertido en objeto de bromas y de comentarios sexistas. Esto hace que sea muy importante que las madres presten atención a las quejas y preocupaciones de su hija. Si escuchan a sus hijas, las madres pueden ayudarlas a obtener la información que necesitan para convertirse en expertas respecto de su cuerpo.

Las historias que siguen, llaman nuestra atención sobre la importancia de sentirse aceptada y de ser normal. Usted puede ayudar a su hija asegurándole que esos cambios son normales, y facilitándole el consejo médico cuando lo necesita.

Sentirse aceptada

"Anna Frank era normal." Jacque, 26 años

Empecé a menstruar en quinto grado. Acababa de cumplir once años. Comencé antes que la mayoría de mis amigas. También me desarrollé físicamente antes que la mayoría de ellas. Me sentía aislada de muchas de mis amigas por las cosas que le estaban sucediendo a mi cuerpo, que no parecían estar ocurriéndoles a ellas. Pensaba que si les contaba me tratarían como a un caso raro. Me alegra haber tenido un busto más bien pequeño. Estaba atravesando cambios corporales, pero al menos en su mayoría no se veían. Me parecía que las chicas de pechos grandes lo pasaban peor con esta circunstancia, porque recibían más atención y más burlas. Una chica de mi clase fue severamente reprendida y maltratada por una adulta de la escuela, por no usar corpiño. Me sentí triste por ella. Era un chica hermosa y la crítica sólo la hizo sentir torpe y fea.

117

Salvo mi padre, los adultos de mi vida personal no modificaron su actitud hacia mí. Siempre parecía masculina cuando era pequeña. Aun cuando estaba cambiando, no se notaba mucho. Yo adoraba a mi papá. Miraba fútbol con él y lo ayudaba a arreglar el coche. Cuando llegué a la pubertad y empecé a menstruar, él se apartó de mí. Al principio me dolió muchísimo. Luego llegué a comprender que él no se sentía cómodo con las mujeres. Y si no se sentía cómodo con las mujeres, no debía sentirse cómodo conmigo, una joven mujer. Fue duro aceptar el rechazo de mi padre. Extrañaba la atención especial que recibía de él antes de la pubertad.

Cuando yo pasaba por el crecimiento repentino y el desarrollo del busto, siempre deseaba alguien con quien hablar, alguien que pudiera tranquilizarme en el sentido de que yo era "normal". Mi madre, como mi padre, nunca se sintió cómoda al referirse a la menstruación. Ha sido uno de esos temas que nunca salen a relucir en las conversaciones. En lugar de hablar con alguien sobre los cambios que se producían dentro de mí, decidí mantener reserva. Luego empecé a preocuparme. ¿Era normal yo? ¿Me estaría dando alguna enfermedad espantosa? ¿Debía ir al médico? Tener el período me hacía sentir acalambrada e irritable. ¿Era normal eso? Cuando le pregunté a mi madre por qué me dolían los pechos, me dijo: "No te preocupes. Se te irá el dolor". Ojalá me hubiera explicado más; hubiese sido más útil.

Cuando al fin llegué a sexto grado, nos pidieron que leyéramos *El diario de Anna Frank*. Recuerdo lo que leí sobre sus sentimientos acerca de la menstruación, y que le parecía sentirse acalambrada y tumefacta, también. Pensé que tal vez yo fuera una adolescente normal, si otra podía tener los mismos sentimientos que yo. Quizás otras chicas habían sentido lo mismo.

Hoy, cuando pienso en mis experiencias como chica de once años, me pregunto por qué me preocupaba tanto por mi cuerpo. Recuerdo que algunas de las preocupaciones de mis amigas eran del tipo: "Si beso a un muchacho, ¿puedo quedar embarazada?". Nunca tuve problemas con eso.

Todo el tiempo entre los once y los dieciocho años estuve preocupada con mi normalidad. Por entonces, reuní el coraje para preguntarle a una ginecóloga sobre la normalidad. Ella me respondió: "Eres odiosamente saludable y muy normal". Qué alivio. Su respuesta me permitió tranquilizarme y estar cómoda conmigo misma y mi menstruación normal.

"Mi tía, mi mamá y mis amigas, todas me ayudaron." Jami, 35 años

Empecé mi período el verano después de mi graduación de sexto grado. Era junio de 1964 y yo tenía once años, aunque faltaba poco para que cumpliera doce (tres meses). En cuanto comenzaron las vacaciones de verano, fui a pasar unas pocas semanas a la casa de mi abuela Kishimoto, como normalmente lo hacía cada temporada. Era media tarde y fui a hacer pis al baño. Cuando me limpié, había sangre en el papel higiénico. Debo decir que quedé un poco sobresaltada al ver sangre en el papel. Sabía sobre la menstruación, pero no pensaba que fuera a iniciar mi período tan pronto.

Por cierto, estoy contenta de que mi período haya comenzado un sábado, porque tía Jane estaba en casa y no en el trabajo. Si hubiésemos estado sólo la abuela Kishimoto y yo en la casa ese día, mi primera menstruación no hubiese sido tan fácil. La abuela Kish no hablaba mucho inglés. Tía Jane y yo fuimos juntas al negocio. Tía Jane quiso comprarme mi propio cinturón y una caja de apósitos. De esa manera, yo tendría mis provisiones personales para la menstruación, y eso la tornaría más oficial. Cuando vuelvo a pensar en el episodio, recuerdo lo excitada que estaba tía Jane por el hecho de poder compartir esa experiencia conmigo. Yo era como una hija para ella, ya que nunca tuvo hijos propios. A veces la llamaba mi segunda madre. Pasar por la experiencia de mi primera menstruación nos unió aún más. Mi mamá quedó un tanto sorprendida de que yo hubiera empezado tan pronto. Me tranquilizó diciéndome que eso era lo más normal del mundo que me pudiera pasar. También dijo que eso me convertía en una joven mujer.

Durante mi primera experiencia de menstruación, no tuve calambres ni un flujo de sangre abundante. Pero yo no era muy regular todos los meses. Cuando me hice más grande, empecé a sentir calambres y el flujo fue más intenso. Algunos meses era tan fuerte que pensaba que sangraría hasta morir. Mi mamá tenía que calmarme diciéndome que no sangraría de muerte con la menstruación, y que sobreviviría a eso. Cualquiera hubiese podido engañarme, pero ella tenía razón. En los primeros años de la escuela secundaria, no era raro que tuviera que quedarme en casa al comienzo de mi período. Me doblaba en dos en la cama, con una almohadilla eléctrica, porque los calambres eran terribles. Sangraba tanto que, de inmediato, impregnaba la toalla. Fue entonces cuando empecé a odiar ese asunto del período cada mes. Era realmente la "maldición", como había oído que otras le decían a su período. Ahora entendía qué querían decir. Muchas mujeres se refieren a su período como su "amiguito". Supongo que algunas de ellas se sienten aliviadas y felices cuando lo tienen, porque significa que no están embarazadas.

Cuando yo estaba en octavo grado, mi mejor amiga, Pat, me introdujo en el mundo maravilloso de los tampones. Nunca olvidaré ese día. Estábamos en su casa el día en que ella intentó que yo me pusiera un tampón. Iríamos a nadar a una fiesta esa tarde. Le dije a Pat que yo debería mantenerme fuera del agua porque aún tenía mi período. Ella pensaba que eso no debía detenerme. Después de todo, había cosas tales como tampones, y una podía nadar si se lo ponía.

Nunca había pensado usarlos. En esos tiempos, la gente creía que las chicas correctas no debían usar tampones. Usarlos significaba que la chica probablemente anduviera por ahí con un muchacho y tuviera relaciones sexuales. Ese pensamiento pasó por mi mente y yo sabía que mi novio opinaba lo mismo que yo. (Él fue después mi marido.) Deseaba ser virgen cuando me casara. No quería usar tampones para no crear dudas sobre mi virginidad.

En mi opinión, Pat era una muchacha mundana que había viajado a muchos otros países. Su padre era militar y ella era conocida como una muchacha del ejército. Pat insistió en que los tampones no le quitaban la virginidad a una chica. Sonó muy convincente. Decidí confiar en Pat y fue ella la que me guió. Me entregó un tampón y me dijo que fuera al baño. Ella me instruiría desde el otro lado de la puerta del baño. Yo estaba muerta de miedo por la idea de ponerme ese objeto dentro de la vagina. Pero cuanto más pensaba en todas las cosas buenas que Pat me decía sobre los tampones, además de no tener que volver a usar esas desagradables toallas, más deseaba probarlos.

Hice todo lo que me indicó Pat, pero el tampón no entraba. Pat me dijo que me relajara para que los músculos de la vagina no se contrajeran, haciendo demasiado pequeño el orificio para el tampón. Finalmente conseguí meterlo en parte, pero el resto se negaba a penetrar. Entré en pánico al pensar que ese objeto estúpido quedaría atascado en mí para siempre.

Pat se quedó cerca y siguió hablándome todo el tiempo. Entonces me dijo que levantara un poco el trasero del piso, para que el pasaje vaginal quedara inclinado. Pensaba que tal vez el tampón entraría más fácilmente de ese modo. Bueno, no entró. Yo estaba demasiado tensa y seca. Para ese momento ya estaba harta. Extraje el tampón y le grité a Pat: "No puedo ponérmelo". Transpiraba copiosamente en ese punto y decidí vestirme.

Cuando abrí la puerta del baño, ahí estaba Pat, con una furiosa mirada llena de fastidio y frustración. Le insistí en que eso no era para mí, le dije que mi cuerpo no estaba preparado para esas cosas. Ella no quería oírme: me entregó otro tampón y me dijo que volviera a entrar y dejara de comportarme como un bebé.

Pensé: "No me dejará salir de este baño hasta que lo haga". Me tendí de espaldas en el piso con las piernas levantadas y simplemente metí el tampón. En ese punto, me di cuenta de que en realidad no dolía al entrar y que no era tan terrible. Realmente estoy contenta de que Pat hubiese insistido tanto ese día para que probara los tampones. Ella sabía que en cuanto los conociera, me encantarían y nunca volvería a usar toallas. Tenía razón, porque desde entonces me libré de esos voluminosos apósitos.

Las cosas mejoraron respecto de mis períodos. Cuando estaba al final de la escuela secundaria, volví con mi novio, Mark. Nos habíamos conocido en noveno grado y luego habíamos ido a escuelas diferentes. La madre de Mark, Betsy, era enfermera diplomada, y nos hicimos muy íntimas. Ella sabía cuánto sufría yo cada mes con esos espantosos calambres menstruales. Me ayudó a obtener una receta para analgésicos. Se trataba de una medicación suave para el dolor que no afectaba mi capacidad para funcionar normalmente. Eso significaba que no me daban sueño. Esas pastillas eran como un regalo del cielo. No puedo decir qué bendición fue tener ese remedio para los primeros días de mi período cada mes. ¡Ahora estaba realmente bien! Tenía mis tampones y mis analgésicos. ¿Quién podía pedir más? Cuando llegaba el período cada mes, yo casi no lo advertía. La vida era buena otra vez.

El estado de ánimo fluctuante, los cambios hormonales, los calambres, el malhumor, las presiones culturales, escolares y familiares, resultan un desafío para todas las chicas y sus padres. El pasaje de las adolescentes a su nuevo cuerpo con todos los cambios físicos y emocionales requiere paciencia, comprensión y aceptación por parte de la familia.

Cosas para hacer

- Compre o haga dos calendarios para que usted y su hija puedan registrar cada una un cuadro más exacto de los cambios de humor, tanto previos como posteriores a la menarca, y la extensión y la naturaleza de cada ciclo menstrual. Es bastante común que las mujeres que viven juntas empiecen a menstruar casi al mismo tiempo. Nadie sabe con seguridad por qué sucede eso, pero ocurre y se lo denomina sincronía menstrual. La sincronización de los ciclos menstruales se presenta con mujeres parientes (madres, hijas) y no parientes (compañeras de dormitorio).

- Planifique una o dos actividades que a usted y a su hija les agrade hacer juntas. Cuando una de las dos se sienta molesta o frustrada, entonces la otra puede proponer un tiempo de descanso para llevar a cabo la actividad. La actividad puede ser un paseo alrededor de la manzana, mirar 30 minutos de televisión aceptada por ambas, jugar catch o vóleibol, o dar un corto paseo en bicicleta. La actividad favorita de nuestra familia es escuchar un dúo de pianos extenso y majestuoso de "Heart and Soul". Es difícil seguir enojada o frustrada después de esos momentos. Sea creativa con las maneras de reducir el estrés entre usted y su hija.

Cosas para pensar

- A las mujeres de estas historias les preocupaba su normalidad. ¿Eran normales sus experiencias? ¿Piensa usted que su menstruación era normal cuando era muy joven? ¿Cree que su hija pensará que su desarrollo físico y sus cambios emocionales son normales?

- ¿Recuerda si tenía cambios de humor antes de empezar su menarquia? Tal vez pueda preguntarle a su madre, su padre u otro familiar.

- ¿Qué síntomas emocionales ha experimentado con la menstruación, si es que tuvo alguno? ¿Cuáles son sus experiencias con el SP? ¿Por qué se hacen tantas bromas al respecto?

- ¿En qué autoridades confía cuando se trata de problemas menstruales? Piense en toda la gente que podría tener información sobre la menstruación y a la que usted desearía hacerle preguntas si su hija tuviera un problema.

- ¿Usted se desarrolló físicamente temprano o tarde para su edad y respecto de sus amigas? ¿Cómo la hizo sentir la oportunidad de su maduración?

Cara a cara

Es importante que usted comience a dialogar antici-
padamente acerca de la maduración y la menstruación en el desarrollo de su hija, con el fin de poder mantener abiertas las líneas que la comunican con ella. Si su
hija se prepara para cuando tenga su período, estará bien
informada y se sentirá segura respecto de su cuerpo
cuando cambie. También sabrá —porque usted se lo ha
dicho— que son bienvenidas las preguntas sobre su
cuerpo. Y cuando llegue el gran día, usted querrá que ella
se sienta cómoda con su padre y sus hermanos, y piense
que es algo para celebrar.

8

A veces es difícil hablar sobre algunas cosas, ¡pero usted puede!

Así como ha empleado una variedad de estrategias para convencer a su hija de que haga sus tareas escolares, practique un instrumento musical o le diga qué es lo que la tiene inquieta, también puede emplear técnicas similares para enseñarle sobre la menstruación. A menudo, los padres imaginan que las conversaciones más importantes que entablan con sus hijos tienen lugar en un ambiente tranquilo, en un momento particular que ellos han preparado cuidadosamente. De hecho, la mayoría de las lecciones más importantes que les brindamos a nuestros hijos son informales y se dan en los momentos menos previsibles, por ejemplo, mientras nos damos prisa para irnos, cuando vamos manejando rumbo al supermercado o acabamos de salir de la ducha. Usted está en medio del tránsito en la hora pico, pensando en las infinitas diligencias que hay que hacer, y su hija de repente le pregunta sobre Dios... el sexo... la menstruación. Las ideas sobre la comunicación de este capítulo, combinadas con las actividades y la información de los capítulos anteriores, la prepararán para esto, así como para la situación muy típica en que intenta tocar el tema de la menstruación y su hija procura evitarlo porque la incomoda o no le interesa.

El proceso de enseñanza

¿Cuántas veces le ha recordado a su hija que se cepillara los dientes, o le habló de la importancia de la salud dental o del uso correcto de un cepillo de dientes? Así como no existe tal cosa como "una sola gran charla" sobre este tema importante, no existe "una sola gran charla" sobre la menstruación. Como sucede con tantas otras lecciones que les damos a nuestros hijos, enseñar a una hija acerca de la menstruación es un proceso continuado.

Los conceptos y el vocabulario que usted le presentará a su hija no son tan fáciles de entender y recordar, incluso para chicas más grandes o para mujeres. A una edad de ocho o nueve años, no se puede esperar que una niña aprenda, en una simple lección, todo lo que necesita saber en cuanto a ese proceso complicado. Le corresponderá a usted volver a introducir el tema de la menstruación una cantidad de veces, y de varias maneras diferentes, a lo largo de toda esa etapa de la vida de la niña. Suponer que su hija "lo ha entendido" después de sólo una o dos charlas breves, es una expresión de deseo. Es su persistencia lo que puede marcar la diferencia entre la actitud aprensiva o confiada de su hija.

Otro aspecto importante que se debe recordar sobre la comunicación es que no se trata sólo de lo que decimos, sino de cómo lo decimos. Las investigaciones sobre educación nos informan que mucho de lo que aprendemos en la escuela no es lo que el maestro está enseñando formalmente. Es más probable que las alumnas capten lo que la maestra dice indirectamente, por su lenguaje corporal o su tono emocional, que la conferencia o la charla formal en sí misma.

Cierta vez, una hija le comentó a su madre: "A la señora James le da vergüenza la menstruación".

"¿Cómo lo sabes?", preguntó la madre.

"Cada vez que empieza a hablar del tema", respondió la hija, "mira el piso. Nunca nos mira a los ojos como lo hace cuando está enseñando historia".

Su hija también notará su actitud hacia la menstruación. Observará lo que usted hace mientras habla y prestará atención al modo en que expresa lo que le está diciendo. Además, observará las reacciones del padre y de otros adultos al tema de la menstruación. La conducta no verbal y las reacciones de los adultos comunican actitud, así como información.

Como ya dijimos, usted debe estar preparada para que la menstruación se convierta en un tema de diálogo en momentos insólitos y en marcos incongruentes. Las hijas suelen formular preguntas en momentos inapropiados (¿lo ha advertido?). Por eso las madres deben estar preparadas para responder rápidamente y sin aviso previo sobre la menstruación. Por suerte, una hija ni pide ni desea una larga explicación científica del ciclo menstrual cuando pregunta: "¿Y si tengo una mancha en la parte de atrás de mi ropa? ¿Cómo podré saber si empecé mi período o sólo me senté sobre algo sucio?". Ese es un temor y una pregunta común de la mayoría de las chicas pequeñas. Una buena respuesta es aconsejarle simplemente que vaya al baño y revise su ropa interior. Si hay una mancha de color marrón rojizo en la entrepierna de la bombacha, entonces probablemente haya empezado a menstruar. Si no, lo más probable es que se haya sentado sobre algo sucio. Pero usted deberá recordar las preguntas de su hija y volver sobre estas más tarde, ese día o al día siguiente, cuando haya pensado más sobre el asunto. El tipo de preguntas "¿Y si...?" se prestan a la búsqueda de muchas soluciones posibles.

Hay dos sitios donde es probable que se dé la conversación sin aviso previo: en el auto y en la cocina. Como usted

129

está ocupada conduciendo o cocinando y no centrada en su hija, ella se siente segura y piensa que controla la situación. Usted debe ser espontánea y confiar en sus conocimientos y experiencias. Por cierto, ese no es el momento para diagramas o ayudas visuales. En esos instantes de diálogo, usted se sentirá contenta de haber escrito su propia historia menstrual, de haberse familiarizado con los sentimientos y temores de otras chicas jóvenes y de haberse tomado el tiempo para refrescar su memoria sobre la fisiología y las emociones adolescentes. Puede sentirse muy nerviosa al tener que hablar de repente si cree que debería conocer todas las respuestas y todos los mejores métodos para enseñar y ser buena madre. Pero si se puede relajar, prestar atención a la cocción o a conducir, escuchar las preguntas de su hija y responderlas con sinceridad, lo más probable es que su hija agradezca su apoyo, aunque la información se deba revisar o ampliar en una oportunidad posterior.

La clave es escuchar

Escuchar es el ingrediente clave en todo proceso de comunicación. Escuchar atentamente, en general, implica dos elementos importantes. Primero, hay que prestar atención a lo que la persona está diciendo, sin apresurarse a decir lo que uno desea. Segundo, escuchar da tiempo para diseñar las respuestas a preguntas específicas, comentarios o contenido emocional. Cuando hace esas dos cosas, es más probable que su hija se abra a lo que usted tiene que decirle, porque entiende que se ha tomado el tiempo para escucharla realmente. Esto se verifica de manera especial en las conversaciones con su hija sobre preocupaciones, temores y problemas menstruales. Recuerde, también, que no debe sentirse culpable si da una explicación que no es perfecta. Esa no será la última conversación que las dos mantendrán sobre el tema. Las hijas suelen ser bastante pacientes cuando las madres son honestas.

Puede resultarle difícil escuchar todos los pequeños detalles que al fin llevan a la pregunta de su hija relativa a la menstruación. Aquí tenemos un típico ejemplo del modo en que su capacidad para escuchar puede verse puesta a prueba.

Mientras Joan preparaba la cena, su hija de once años, Lauren, le contó esta historia: "Alissa y yo íbamos al gimnasio. En el camino nos cruzamos con el nuevo maestro, el señor Simmons. Breann y Chelsea ya estaban corriendo vueltas por el gimnasio. Son capaces de dar más vueltas incluso que los muchachos de la clase. Jessie y Fernando las desafiaron la semana pasada, pero Breann y Chelsea les ganaron. Alissa dijo que debía detenerse en el baño. Le dije que se nos haría tarde y nos veríamos en problemas, pero me contestó que debía ir porque tenía que hacer algo importante y personal. Quiso que la acompañara pero le dije que debía esperar hasta que llegáramos a la clase y entonces podría pedirle permiso al señor Glenn para ir al baño. Me contestó que iría al baño, de todas maneras. Decidí ir con ella y dejar que el señor Glenn se pusiera furioso. Cuando llegamos al baño, Alissa abrió su mochila y extrajo una toalla sanitaria. "Tengo que cambiar esto", me dijo. Me quedé sorprendida, no sabía que Alissa había empezado su período. Mamá, ¿qué se supone que deberé hacer cuando tenga mi período? El señor Glenn nos hizo dar dos vueltas más porque habíamos llegado tarde, y eso no es justo. Los muchachos no tienen que cambiarse las toallas. No nos dan tiempo siquiera para ir al baño a hacer pis, mucho menos para cambiar las toallas. Me dio pena por Alissa, no se sentía como para correr dos vueltas más, pero no se animó a decírselo al señor Glenn. Tampoco yo se lo hubiese dicho. Me alegra haberla acompañado al baño, aunque haya tenido las vueltas extra. ¡No es justo!".

Escuchar esa historia fue como un acto de malabarismo para Joan. Una vez que Lauren terminó de hablar, Joan no estuvo segura de haber prestado bastante atención a la historia de su hija como para captar indicios sobre lo que la joven sentía respecto de la menstruación, puesto que al mismo tiempo había estado preparando la cena. También estaba ocupada tomando notas mentales sobre lo que podría preguntarle a su hija luego, para poder entenderla mejor. Joan pudo volver a concentrar su interés en Lauren y escuchar que estaba expresando algunos de sus temores sobre la menstruación y la necesidad de cambiar toallas en la escuela. Joan simplemente le preguntó a Lauren: "¿Qué piensas que podrías hacer cuando tengas que cambiarte la toalla en la escuela?". Lauren pensó en eso mientras Joan seguía preparando la comida. También quedó sembrada una semilla en la mente de Joan: averiguar cómo responde la escuela de Lauren a la necesidad de las chicas de cambiar las toallas en la escuela. Estaba segura de que Lauren podría manejar el cambio de apósitos si sucedía en un entorno más comprensivo. Pero las vueltas extra de Alissa le hicieron dudar a Joan sobre el ambiente escolar.

Las preguntas y las conversaciones espontáneas facilitan la enseñanza. No obstante, si escucha bien, usted se dará cuenta de que las preguntas y las conversaciones no surgen automáticamente. Usted debe iniciar las conversaciones y saber que su hija está escuchando, aunque parezca indiferente o preocupada. También puede realizar con ella actividades que son útiles para encarar cuestiones particulares.

Aquí tenemos algunas actividades que rompen el hielo y promueven la comunicación sobre la menstruación y la imagen corporal. Estas actividades han servido a las madres, con independencia de que sus hijas formularan o no preguntas. Adviértase que cada actividad está diseñada para presentar una breve información sobre la menstruación, no todo el proceso menstrual en el formato de "la gran charla". Algunas actividades pueden dar mejores resultados que otras, para usted y su hija.

Actividades promotoras de la comunicación

- Elija alguna de las historias de los capítulos anteriores, para leerlas juntas. A medida que su hija madure, tal vez deba seleccionar otras historias que serán de particular interés para ella cuando tenga más experiencia con la menstruación. (Recuerde que se trata de un proceso.)

- Cuando su hija esté estudiando la menstruación en la escuela, sugiérale leer juntas los materiales del tema. Usted debe examinar todos los materiales que se emplean en la enseñanza sobre la menstruación, yendo a la escuela y pidiendo leerlos. Si se reúne con la maestra y se entera de lo que se está presentando, podrá reforzar los puntos que desea que su hija entienda. Muchas maestras reciben de buen grado las preguntas de las madres interesadas.

- Haga tarjetas con palabras del vocabulario relacionado con la menstruación. Las palabras pueden derivar del material escolar o del Glosario de este libro. Si otro adulto de la casa, además de usted, se muestra receptivo a la idea, su hija podría usar las tarjetas con esa persona para comprobar sus conocimientos o los de esa persona, sobre la menstruación. A las niñas pequeñas les encanta ser maestras y poner a prueba el conocimiento de los adultos.

- Estimule a las docentes de clubes o campamentos a dar instrucciones sobre las maneras adecuadas de manejar la menstruación en salidas de campamento, durante la natación o en excursiones en las que se pasa la noche. Esto reduce los temores sobre la falta de preparación o la probabilidad de cometer errores. También permite que las chicas sepan que a las docentes no las avergüenza hablar sobre la menstruación y que están disponibles en el caso de que necesiten ayuda.

- Cuéntele su propia historia de la menstruación a su hija o permítale leer la historia que escribió. Usted también puede reunir historias de la menstruación de otras mujeres adultas de la familia. Las mujeres pueden contárselas a su hija o permitirle leerlas.

133

- Piense qué hacer si su hija tiene su período en diferentes lugares. Empiece con la escuela. Pídale que nombre todos los lugares posibles en los que podría iniciar su período, y entonces teatralicen lo que ella podría hacer o decir. Esto les servirá como práctica para resolver problemas y es probable que terminen riendo, lo que siempre ayuda en esas conversaciones.

El desafío:
usted está preparada, pero su hija no

Cuando usted se siente preparada para enfrentar el desafío de hablar sobre la menstruación, tal vez descubra que su hija se rehúsa a aprender. En otras palabras, ¡ella no está interesada! Hay legítimas razones por las cuales su hija puede resistirse a comunicarse respecto de la menstruación. Algunas hijas dudan en hablar sobre la menstruación porque les parece un proceso desconocido cuyo nombre suena raro, y se sienten inseguras en cuanto a su capacidad para manejar las nuevas responsabilidades y expectativas.

Otras deciden, ante la primera sugerencia del desarrollo adolescente, que como no desean que cambie su cuerpo, el cuerpo no cambiará, a pesar de toda información en sentido contrario. Utilizan el pensamiento mágico para excusarse de aprender algo que creen que no puede ocurrirles a ellas. Pueden estar decididas a controlar su cuerpo y creen que no menstruarán. Hasta tanto no abandone ese pensamiento, esta hija aprenderá con mucha renuencia. Algunas chicas se aferran a ese mito del control hasta que realmente empiezan a menstruar. Otras están tan decididas a no madurar o a no aumentar de peso que se vuelven anoréxicas como recurso para evitarlo. Hay quienes se exceden en los ejercicios físicos o se preparan en atletismo o danza, como un medio para resistir la menstruación. Estos últimos ejemplos son poco comunes, pero serios. Si usted sospecha anorexia o extremo temor a la menstruación, tome contacto inmediatamente con un pediatra.

Otras chicas que se rehúsan a tratar el tema son las que han sufrido algún tipo de abuso sexual, contactos inapropiados o han experimentado otros traumas físicos. Cada vez que usted intenta hablar de la menstruación, puede desencadenar recuerdos que reducen la capacidad de su hija para procesar esa nueva información sobre su cuerpo. Usted y su hija podrían necesitar la ayuda de un terapeuta, un médico, un asistente social u otro profesional con capacidad para guiarla a usted en el proceso de curación del trauma.

Los diálogos sobre la menstruación deberían separarse de las conversaciones sobre la actividad sexual. El área del sexo, cargada emocionalmente, tiende a oscurecer el tema de la menstruación y tanto las hijas como las madres se sentirán abrumadas. Los medios no son una ayuda en esta área. Las películas, la televisión y la música popular vuelven gráfico y visible al sexo, mientras que la menstruación permanece invisible. Su hija puede ignorar la menstruación, tal como lo hacen los medios, si no se la alienta a que dialogue con usted al respecto.

Si tiene problemas para hablar con su hija sobre otras cosas, conversar sobre la menstruación no resultará fácil. Usted y su hija pueden haber tenido obstáculos o problemas para comunicarse sobre la escuela, las notas, la ropa, los amigos, la honestidad o las tareas de la casa. Antes de que pueda hablar sobre la menstruación, usted debe construir puentes y establecer nuevas vías de comunicación. Si siente como si se hubiese levantado un muro de piedra entre ambas, invierta el tiempo necesario para mejorar la relación con su hija. Practique su capacidad para escuchar. Con coraje, paciencia y ganas, madres e hijas pueden aprender nuevas maneras de conversar entre sí que les permitan ser tanto honestas como respetuosas. Si la comunicación entre ambas no parece estar mejorando después de unos seis meses de esfuerzo de su parte, entonces es hora de buscar ayuda. Converse con sus amigas, con miembros adultos de la familia, con el pediatra o el médico clínico, un terapeuta familiar, el psicólogo de la escuela o el consejero religioso.

Dado que hay muchas razones legítimas por las cuales las hijas no tienen deseos de aprender sobre la menstruación, usted puede necesitar ayuda extra para superar esa pared de piedra. Las siguientes preguntas iniciadoras han sido ideadas para promover un diálogo con su hija sobre la menstruación. Supongo que, al principio, la mayoría de las conversaciones serán más parecidas a un monólogo en el que usted será la única que hable. Por lo tanto, estas preguntas intentan iniciar el juego para que su hija se sienta más relajada en cuanto a compartir el tema de la menstruación con usted.

Preguntas para facilitar los diálogos sobre la menstruación

- Hoy muero por comer chocolate. Eso generalmente significa que está por llegar mi período en unos pocos días. Me pregunto cómo sabrás tú cuando esté por llegar tu período. ¿Qué imaginas?

- Cuando tenía tu edad, a mi madre la avergonzaba hablar sobre la menstruación. A mí no me resulta embarazoso hablar contigo. ¿Será que la turbación de mi madre salteó mi generación y pasó directamente a ti? ¿En qué se asemejan la abuela y tú? ¿En qué son diferentes?

- Iremos al lago a pasar nuestras vacaciones. Pienso que deberíamos llevar algunas toallas, por si comienza tu período. ¿Hay espacio para toallas en tu equipaje?

- ¿Qué sientes acerca de la posibilidad de que pronto tengas tu período?

- Compré un nuevo libro sobre la menstruación. Tiene algunos diagramas que muestran el ciclo de la menstruación y algunas historias interesantes. Me gustaría mostrarte el libro y charlar antes de que te vayas a dormir esta noche. ¿A qué hora te parece mejor?

- He observado que estás silenciosa (gruñona, triste, sensible) esta tarde. ¿Sucede algo para que te sientas así?

Una vez que usted empieza con las preguntas que abren el diálogo y sigue hablando sobre la menstruación, su hija se confiará más. Entonces empezarán a surgir las preguntas sobre las que su hija desea respuestas. Ella puede no formular esas preguntas de manera directa pero, si usted escucha, las oirá. ¿Recuerda las preguntas que deseaba hacerle a su madre, pero creía que no podía? Piense en esas preguntas, su hija tal vez tenga muchas de ellas.

Aquí tenemos algunas preguntas que su hija puede desear plantearle:

- "¿Cuándo empezaron a crecer tus pechos?"
- "¿Se burlaban los muchachos o las chicas de ti por tus pechos?"
- "Mamá, ¿te sucede realmente a ti eso? ¿Con qué frecuencia?"
- "¿Quién te habló de los períodos?"
- "¿Cómo te sientes cuando estás con el período?"
- "¿Puedes mostrarme tus ovarios?"
- "¿Cuándo empezaste a tener el período?"

Responda esas preguntas aunque su hija nunca se las haga. Ella es curiosa, pero puede darle vergüenza preguntarle a usted.

Siguen actividades que ayudan a estimular diálogos continuados con su hija cuando se acerca su menarca.

Actividades para estimular los diálogos

- Comparta algunas de las historias de la premenarca expuestas en el capítulo 1. Comience con las historias de las chicas jóvenes y pregúntele a su hija si siente lo mismo que alguna de ellas. Además, emplee las preguntas para reflexionar cuando lo crea apropiado.

- Pídale a otra mujer (una adulta amiga, tía, abuela) que le cuente su historia de la menstruación a su hija.

- Reúna historias de la menstruación de las mujeres de su familia. Permita que su hija colabore en el trabajo.

- Lleve a su hija a la sección de ropa interior de una tienda. Busque un corpiño para usted. Esto podría dar pie a alguna conversación sobre el desarrollo del busto y a buscar los primeros corpiños para su hija.

- Cuéntele a su hija sobre el desarrollo de sus pechos y cómo fue comprar su primer corpiño. Tales historias suelen producir ciertas risas, además de proporcionar información para su hija.

Aprender de otras madres

Las maestras suelen reunirse para compartir ideas, conversar sobre sus frustraciones y apoyarse unas a otras. Nosotras la alentamos a usted a reunirse a conversar con otras madres que también deben hablarles a sus hijas sobre la menstruación. Discutan entre ustedes algunas de las actividades de este capítulo, compartan sus experiencias al realizar las actividades con sus hijas o pónganse al tanto de otras formas de quebrar el hielo que podrían probarse.

Tomar prestada la hija de otra madre para hacer algunas de estas actividades también puede ser útil para fomentar el coraje y conversar con su propia hija. Una asesora escolar se reunió con madres y sus hijas de trece años. Formó equipos de dos en los que cada madre estaba con la hija de otra mujer, le dio a cada equipo una revista y dijo: "Imagínense que son antropólogas de otro planeta. Esta revista es su fuente de información sobre las mujeres del planeta Tierra. Revísenla y prepárense para dar su informe antropológico en quince minutos".

La atmósfera se cargó de electricidad cuando esos equipos de antropólogas aficionadas —compuestos por mujeres y chicas que no estaban emparentadas entre sí— se pusieron a trabajar. Madres e hijas tenían libertad para hablar abiertamente, ya que no tropezaban con antiguos temores, discusiones o actitudes que a menudo experimentaban con sus propias madres o hijas. Los informes devueltos al grupo aportaron importante información a madres e hijas como para conversar en el viaje de regreso a su casa, al día siguiente o incluso semanas más tarde.

No se desaliente si se acerca a otras madres y descubre que no están dispuestas a hablar de la menstruación. Reúnase con las que desean conversar y compartir ideas. Las madres vacilan en cuanto a hablar sobre la menstruación, por las mismas razones que las hijas. Nuestra cultura y nuestras historias individuales silencian a muchas mujeres. El deseo de que su hija incorpore la menstruación en su vida como una función corporal natural y saludable, sin vergüenza ni turbación, la motivará a usted a abandonar su propio silencio y a vincularse con otras madres que tienen el valor de conversar con usted y con sus hijas sobre este tema.

No he incluido "Cosas para hacer" o "Cosas para pensar", porque este capítulo está formado principalmente por actividades. No deje de hablar, porque su hija la estará escuchando.

9

Converse con los hombres de la familia sobre la menstruación

Cuando doy conferencias o hablo sobre este libro, los padres me dicen continuamente: "Eh, ¿y nosotros?". Más padres de cuantos yo pensaba también enseñan a sus hijas sobre la menstruación. No sólo los padres conversan con las hijas sobre este tema, a menudo es a ellos a quienes acuden las hijas cuando se inicia su primer período.

Escribí este capítulo para alentar a los padres a que conversen con sus hijas (e hijos), respecto de la menstruación. Como las madres, los padres pueden compartir estos temas con otros padres y con sus esposas, hasta que se sientan más tranquilos y confiados al hablar sobre los hechos y los sentimientos relacionados con la menstruación. No sólo recomiendo que los padres tengan en cuenta las actividades, las sugerencias y la información de este libro como ayuda para las conversaciones con sus hijas, sino que también lean las historias escritas por chicas jóvenes y mujeres que aparecen en todo el libro. Muchos hombres desean conocer cómo experimentan la menstruación las mujeres y sienten la curiosidad de saber más.

Los padres pueden desear identificar esas historias que ilustran mejor la actitud de su propia hija hacia la menstruación.

Los padres y la menstruación

Los padres son personas importantes en la vida de sus hijas, por una variedad de razones. Con más madres que trabajan, hay una mayor probabilidad de que el padre sea quien esté en casa cuando la hija inicie su ciclo menstrual. Además, son más y más las hijas que viven con su padre, lejos de la madre, sea todo el tiempo o parte del tiempo, debido a la separación, el divorcio u otras circunstancias.

Las hijas, a menudo afirman que no quieren que su padre sepa que han iniciado su período. Pero los padres deben aceptar que sus hijas están creciendo y las hijas deben tomar conciencia del hecho de que sus padres están informados sobre la menstruación y pueden proporcionar ayuda cuando sea necesaria.

¿Por qué es tan importante la participación de los padres? Cuando un padre puede hablar abiertamente con su hija sobre la menstruación, eso le envía a ella el mensaje positivo de que esa función femenina normal es aceptada por los hombres y no es algo que deba avergonzar o turbar. Al tratar la menstruación de manera respetuosa y directa con su hija adolescente, el padre la ayuda a desarrollar una actitud saludable hacia su cuerpo y su relación con los hombres. Por supuesto, cuanto más participa un padre en la vida de su hija, y cuanto más estrecha es la relación con ella, más fácil le resulta a él conversar con la joven sobre la menstruación y otros cambios físicos y emocionales que ella está experimentando. Y cuanto más fácilmente las hijas puedan hablar con los padres sobre la menstruación y la adolescencia, más cómodas se sentirán luego al tratar cuestiones sexuales.

He oído muchas historias maravillosas acerca del modo en que padres e hijas manejaron la menarca mientras estaban afuera acampando, de caminata o andando en bicicleta, o cuando las hijas los visitaban y no había nadie más presente. Las hijas le sugieren al padre lo que creen que ha ocurrido. Los padres ocasionalmente deben improvisar la información y los artículos sanitarios. Algunas hijas se sonrojan cuando el padre cuenta esa "aventura", pero la cara del padre se ilumina de orgullo. Cuando las chicas observan el rostro del padre, empiezan a mostrar una sonrisa que una hija sólo puede tener para con su padre.

Otras experiencias memorables incluyen a padres que organizan algo especial en la menarca de la hija: una salida a comer para celebrar, regalos de globos, flores o algo apropiado. Esas celebraciones dejan en la hija una perdurable impresión de sentirse especial y reconocida como una joven mujer que madura. Las chicas pueden quejarse en el momento, pero en el transcurso de unos pocos años atesorarán el tiempo y el reconocimiento que el padre les concedió.

Muchas mujeres recuerdan que una vez que empezaron a menstruar, sus padres las trataron de manera diferente. Se cortó de repente el contacto físico, ya que el padre dejó de abrazarlas o besarlas o de permitir que la hija se le sentara sobre las rodillas. Desde el punto de vista de una chica de nueve, diez o trece años, ella puede estar menstruando pero no se considera una mujer adulta. Sigue siendo "la hijita de papá", que desea que la vean en crecimiento, pero no tan crecida como para no seguir recibiendo abrazos y besos.

Muchos padres creen que una vez que sus hijas empiezan a menstruar, desean que se las trate como mujeres adultas. Después de todo, las chicas preadolescentes y adolescentes les dicen eso al menos un millón de veces al padre y a la madre, ¿no es verdad? Sin embargo, lo que las chicas dicen y lo que en realidad desean de los padres pueden ser cosas completamente diferentes. Las chicas quieren que se les reconozca su aspecto y su conducta de jóvenes mujeres, pero eso no significa que quieran dejar de ser afectuosas con su padre. Los padres, por otra parte, no sólo respetan el deseo ex-

143

presado por la hija de que se la trate como a una mujer, sino que también temen ser demasiado afectuosos corporalmente. Saben que no es aceptable una conducta sexual con la hija y una de las mejores maneras de asegurarse de que nadie piense que actúan de modo inapropiado es abstenerse de todo contacto corporal con ella. Lamentablemente, cuando un padre lo hace, la hija interpreta mal su actitud y cree que ya no se interesa más en ella. Esta es una situación difícil para los padres. Es de vital importancia que sigan siendo corporalmente afectuosos con sus hijas de maneras apropiadas y, al mismo tiempo, que reconozcan que sus hijas están convirtiéndose en mujeres maduras. Los padres que hacen un esfuerzo consciente por mantenerse en contacto con sus hijas durante esa época contribuyen no sólo a una duradera relación padre-hija sino también a la confianza general de la hija en los hombres y en sí misma.

Tal vez no alcanzo a remarcar bastante el valor de la dedicación de un padre a su hija adolescente o preadolescente. Esos años de adolescencia son difíciles porque las chicas se esfuerzan por definir su lugar en el mundo y el sitio de los varones en su vida. Las hijas pueden ser amorosas y amables en determinado momento y mostrarse disgustadas e indignadas en el momento siguiente. Si bien esos episodios son angustiantes, las hijas siguen aprovechando el aporte y la dedicación del padre. La guía y el interés del padre en su vida serán recordados y valorados durante años. Si los padres dudan de su importancia, entonces deben pensar en el afecto con que las mujeres adultas a menudo hablan de su padre. La confianza de un padre en su hija le aporta a ella determinación para alcanzar sus objetivos.

Es de verdad sorprendente la diferencia que hay entre las conversaciones padre-hija y madre-hija. Padres e hijas conversan sobre temas diversos: discuten, no se ponen de acuerdo, pelean y se distancian por lo que parecen ser cuestiones sin importancia. Muchas veces, un padre le sugiere a su hija que haga (o que no haga) algo y ella acepta de buen grado el consejo. Para la madre, esto puede ser exasperante, en especial porque habló con su hija cien veces sobre lo mismo sin conseguir nada. El padre le dice algo una vez y ella actúa como si esa fuera la primera vez que alguien le hizo esa sugerencia. El motivo por el cual sucede eso, está abierto a diversas interpretaciones: tal vez ella entendió finalmente la lógica en lo que se le proponía, o tal vez deseó agradar al padre. Nadie puede saberlo con certeza. Esta es la relación entre padres e hijas durante la adolescencia: se frustran, se provocan y se irritan uno al otro en un momento, y en el siguiente se aman, se respetan y se adoran.

Enseñar a los hermanos sobre la menstruación

Los hermanos también necesitan que se los eduque acerca de la menstruación. A muchos hermanos menores les resulta muy incómodo admitir que no poseen información. Y para los hermanos mayores que conocen los hechos, puede ser necesario que se les enseñe a respetar a sus hermanas y a ser más sensibles.

En cierto punto, los muchachos jóvenes generalmente quieren saber sobre la menstruación. Ya que es algo que no sucede en el cuerpo de ellos, tienen menos temor a lo desconocido y, por lo tanto, suelen hacer preguntas más directas. Sus preguntas pueden ser alarmantes para ambos padres. Toda vez que un hijo formula una pregunta, es prudente contestarle de la manera más clara posible.

Cuando su hija pequeña se esté acercando a la menarca, recomiendo que ambos padres hablen con sus hermanos, mayores y menores. A los hermanos de seis años o menos puede no interesarles una explicación sobre la menstruación. Si no demuestran interés, lo más probable es que no estén preparados. Es más probable que los hermanos mayores se muestren curiosos y hagan preguntas. Los padres pueden sentirse más cómodos al tocar ese tema cuando los dos están presentes, o cada uno puede querer hablar individualmente con sus hijos. Es importante responder a las preguntas del muchacho, con honestidad y repetir la información de muchas maneras diferentes a medida que van pasando los días y los años.

Las explicaciones breves y precisas son las mejores para los niños pequeños. Por ejemplo:

Tu hermana está creciendo. Se está convirtiendo en una joven mujer fuerte y sana. Las mujeres menstrúan porque tienen un útero dentro del cuerpo. Es en el útero donde crece el bebé. Una vez que una chica llega a la pubertad, su cuerpo produce un revestimiento de tejidos dentro del útero. Entonces, alrededor de una vez por mes, el revestimiento es despedido como sangre menstrual a través de la vagina. Los hombres no tienen ni útero ni vagina y, por lo tanto, no pueden embarazarse. La menstruación es la señal que el cuerpo le envía a una chica para que sepa que puede embarazarse. Cuando las chicas empiezan a menstruar, deben cuidar su cuerpo de maneras especiales. A veces, los muchachos que están poco o mal informados sobre la menstruación se burlan de las chicas cuando creen que están menstruando. Eso es algo que no queremos que tú le hagas a tu hermana o a cualquier otra chica. Esa conducta burlona puede parecerte inofensiva, pero puedes herir los sentimientos de las chicas, y por otra parte esas burlas te hacen parecer desinformado sobre esa función corporal normal de las mujeres.

Esto suele ser suficiente para el planteo inicial sobre la menstruación. Pero si su hijo formula preguntas, contéstele de la manera más simple posible. Hágale saber que satisfará todas sus inquietudes y que conversará más con él sobre la menstruación.

Los hermanos mayores a menudo están mal informados sobre la menstruación, y siguen así hasta que tienen su primera novia en serio. Ella es la que les enseña sobre la menstruación. Para las madres: recuerde si educó usted o no a algún novio. Para los padres: piense en lo que sus padres le dijeron sobre la menstruación y en lo que le enseñaron sus novias.

Ahora usted puede pensar: "¿Qué tiene de malo? Es una relación normal, especial, íntima, que crea confianza". Estoy de acuerdo, pero se interponen muchos años entre las primeras noticias sobre la menstruación y el hecho de volverse más sensible a lo que ello significa en la vida de una mujer. Los muchachos a menudo se burlan de las chicas, debido a su ignorancia y para parecer más informados de lo que en verdad están. Las chicas se sienten heridas en sus sentimientos, se turban o se enojan y suelen atacar a su vez con comentarios despreciativos, insultos o información incorrecta. Entonces, no espere hasta que su hijo tenga novia. Él debe saber sobre la menstruación ahora, para que no se burle de su hermana o de otras chicas. Sólo inicie el diálogo y manténgalo abierto. Los hermanos mayores tienden a actuar como si supieran más de cuanto en realidad saben sobre la menstruación. Usted siga hablándole y él escuchará.

La mayoría de los hermanos se burlan de sus hermanas prácticamente acerca de todo. Nada nuevo, ¿verdad? Sin embargo, una vez que las hermanas menores se acercan a la menstruación, es menos probable que toleren sus bromas y provocaciones. Algunas chicas protestan pero otras se deprimen y se apartan de la familia. La mejor manera de manejar esta situación es discutir con su hijo cómo se sintió él al cambiar su cuerpo. Tal vez necesite que le recuerden que sus pies y manos crecieron antes que su cuerpo, que su voz se agudizó repentinamente hasta cambiar, que le creció vello en el pubis y las axilas, que se preocupaba por su olor corporal y el tamaño de su pene, que estaba sensible, malhumorado y no le gustaba que lo provocaran. Y luego empezó a compararse con otros muchachos y a preocuparse por lo que las chicas pensaban de él. Explíquele a su hijo que la familia hizo cuanto pudo para ser comprensiva mientras él se habituaba a vivir con esos cambios. Usted sólo le está pidiendo que él haga lo mismo por su hermana menor.

Las chicas pueden sentirse turbadas si sus hermanos mayores hablan sobre la menstruación. Pero si se alienta al hijo a que tenga una breve charla con su hermana, ambos se sentirán más cerca uno del otro. También es probable que los hermanos se burlen menos de sus hermanas y de otras chicas. Sugiera a su hijo y su hija que conversen sobre maneras prácticas en que él puede serle útil a ella, es decir, si ella inesperadamente empieza su período y necesita dinero para toallas o tampones, o ayuda para llegar a casa. Este compañerismo puede proporcionar el eslabón emocional que hermanas y hermanos desean y merecen.

Les pido tanto a las mujeres como a los hombres de su familia que lean las historias de este capítulo. La primera historia fue escrita por un padre cuya hija tuvo su primer período menstrual mientras estaban juntos. Las otras las escribieron hombres que evocaron sus primeros recuerdos sobre la menstruación, cómo se enteraron (o no) del tema y cómo ese conocimiento —o esa falta de conocimiento— afectó su vida.

Desde un punto de vista masculino

"Mi primera vez (y la de Ashlea, también)"
William, 43 años

"¡Oh, Dios! ¡Nunca esperé esto!", fue mi primera reacción, absolutamente secreta, oculta, interior. Mi respuesta externa verbal y visible, en realidad fue algo así como: "Oh, bueno, deberemos llamar a tu madre y darle la gran noticia. Pero primero vayamos a ese supermercado por el que pasamos, para que te compres lo que necesites".

Yo estaba en medio de Iowa con mis dos hijas, en un viaje en bicicleta de una semana de duración que se realiza todos los años a través de Iowa, con miles de participantes. Lo había hecho el año anterior sólo con mi hija mayor, Ashlea, que entonces tenía 11 años, en tándem. Ese año tenía 12 e iba en su propia bicicleta. Por la noche, ella compartía una carpa con su hermana Jennifer, de 10 años, que iba en tándem conmigo. Ashlea había recorrido tramos en bicicleta mucho más largos y empinados que lo que se hacía en Iowa, por lo que yo estaba bastante seguro de que ella podría hacerlo. Esperaba que sus comentarios de los dos últimos días acerca de la incomodidad en la bicicleta fueran sólo el resultado de la diferencia entre su asiento y el del tándem. El motivo fue mucho más inquietante.

Y "eso" sucedió. Ella me trajo la evidencia después de que las chicas se ducharan al final del largo día. La mancha de sangre en sus pantaloncitos para ciclismo forrados de gamuza me demostró que ella había tenido su primer período. (Sólo supe después qué quería decir menarca.)

"¿Dónde estaba su madre cuando la necesitamos? ¿Cómo puede ser que este tipo de cosas siempre me pase a mí? ¿Qué hago ahora?" Esa fue la clase de preguntas egocéntricas que de inmediato pasaron por mi mente. Pero afortunadamente para Ashlea (y mi reputación como "papito") me mantuve sereno y la llevé a un negocio próximo. Tenían todos los elementos para "eso" en una sección que yo habitualmente no visito. Miré los tampones, pero no podía imaginar cómo podrían entrar "ahí". De modo que elegí algunas de las toallas más modernas, muy delgadas y de alta tecnología que se vendían en ese negocio. Imaginaba que las antiguas y gruesas serían demasiado incómodas para un largo viaje en bicicleta. Ashlea me dijo que eran buenas. Ella olvidó las toallas un par de noches después y otra mujer que hacía el viaje le ofreció un tampón, pero no pudo insertárselo. Cuando Ashlea llegó a casa, la madre reprobó esas toallas delgadas, pero desde entonces las usa también ella. Además, revisé todos los medicamentos para mujeres y elegí uno para Ashlea. Ella lo tomó unas pocas veces, tal vez sólo para darme el gusto, pero me dijo que nunca lo necesitó demasiado.

Una vez que tuvimos los elementos que creíamos necesitar, llamamos a la madre y se lo comentamos... ¡gran error! Como se había quedado en casa y se sentía sola, pensó que debía darle la "gran noticia" a todas sus amigas. Parece ser que Ashlea tuvo su primer período el mismo día que su mejor amiga, Kim. ¡Eso era tan fantástico! A Ashlea realmente le agradó volver a casa después de la competencia y descubrir que sus funciones corporales más íntimas eran de conocimiento común.

"Mi novia me dice." *Blake, 20 años*

Jennifer es mi novia actual. Es mucho más abierta, comunicativa y mayor que mi primera novia, Kim. He aprendido mucho conversando con ella abiertamente, y también aprendí a observar más su conducta.

Jennifer siempre me dice cuando está con su período. En general se siente angustiada los primeros días. Mediante mis observaciones, he llegado a comprender que eso también sirve como señal. Cada vez que me porté como un tonto o quise hacerle alguna broma durante esos primeros días, ella se mostró irritada y me respondió agresivamente.

Jennifer a menudo tiene espasmos y a veces siente dolores en el estómago cuando tiene su período. Una vez le pregunté cómo eran los espasmos. Me dijo: "Es como si el estómago y los intestinos se te estuvieran dando vuelta". Desde esa charla, he tratado de tener mucho más cuidado con mis actitudes con ella durante su período. Me acuerdo de los malos momentos que he pasado con los cólicos intestinales. El dolor que ella describió se parece mucho al que yo sentí. Me parece notable que pueda hacer su vida normal con ese tipo de dolor cada mes.

Hablé con Jennifer sobre el uso de tampones. Le pregunté qué sensación tenía al andar caminando con un tampón en la vagina durante horas. Para mi gran sorpresa, me dijo que en realidad no siente el tampón, a veces se olvida de que lo lleva puesto. Me comentó que algunas mujeres se olvidan de que usan un tampón y se lo dejan más de un día sin cambiarlo. Me enteré de que eso puede ser peligroso, porque puede ocasionar el síndrome de shock tóxico. El síndrome produce una enfermedad severa y en casos graves puede causar la muerte. No quiero que a Jennifer le suceda. Le dije bromeando que pensaba que sus espasmos eran buenos porque constantemente le recordaban su período y que debía cambiar su tampón. Mi broma no le pareció divertida y me echó una mirada fulminante.

Según Jennifer, su período mensual es algo a lo que ha aprendido a acostumbrarse. Por lo que me dijo, los únicos inconvenientes que encuentra en su ciclo menstrual son los severos espasmos, y los hombres que la acusan de estar "con la regla" cuando no se comporta como ellos desean. Jennifer y yo hemos tenido muchas conversaciones sobre la menstruación. Como podemos hablar sobre un tema que a menudo es tabú entre varones y mujeres, nos sentimos lo bastante fuertes como para hablar sobre cualquier cosa.

"Papá, ¿qué es un período?" *Joshua, 18 años*

Silencio... Era un cálido día de mayo y el tranquilo zumbido de la naturaleza estaba en el aire. Una brisa

151

fresca pasaba sobre el lago y se podían oír las voces de dos varones conversando en la calma.

"Qué pez grande. Qué lástima que se escapó, Billy."

"Papá, ¿qué es el período?"

"¿Qué?"

"El período. ¿Qué es?"

"Billy, ¿qué te ha hecho formular esa pregunta?"

"En la escuela vi una película sobre el crecimiento. Mi maestro me dijo que sólo los muchachos podían verla. Las chicas veían otra. La hermana de mi amigo dijo que ella vio una película sobre las chicas que tienen el período."

Cuando me volví para mirar a mi padre, él tenía la mirada baja y no me podía contestar. Al fin me dijo: "¿Le preguntaste a tu madre?".

"No, ¿por qué? ¿Tú no sabes qué es el período?"

"Bien", empezó mi padre, "el período creo que es lo que tiene una mujer durante un ciclo que se llama menstruación. Ella tiene ese período cada mes. Durante ese ciclo algunas mujeres, como tu madre, tienden a estar un tanto malhumoradas. Es ahí cuando las flores son útiles, hijo. Puedes notar también que comemos afuera durante una semana cada mes. Para decirte la verdad, yo realmente no supe qué era el período hasta que estuve en la escuela secundaria. Y además, tuve que aprenderlo de la manera más dura. Debí preguntarles a las chicas con las que salía. Creo que si los períodos no fueran un tema tan personal para las mujeres, los hombres las entenderíamos más durante esa parte del mes. Es necesario que los hombres sepan más sobre la menstruación desde un punto de vista femenino. En fin, ¿es eso todo lo que quieres saber?"

152

"No", repliqué. "¿Qué es, realmente?"

Con una sonrisa amable, papá me contestó: "Eso es todo lo que debes saber por el momento, pero si quieres más información, por favor pídesela a tu madre. Ahora, volvamos a la pesca".

"Está bien, papá."

Durante ese breve viaje de pesca, pude compartir momentos muy buenos con mi padre. También supe que le había llevado toda una vida reunir esa poca y preciada información. Él seguía incómodo con el tema y yo necesitaré más información para pasársela a mi hijo.

"Las chicas deben pasar por muchas más cosas que los muchachos." Nicholas, 19 años

La menstruación es algo sobre lo cual a la mayoría de los tipos les resulta difícil hablar. En especial, nosotros no entendemos los cambios de humor y de actitud de las mujeres.

La primera vez que supe de la menstruación, estaba en séptimo grado. No me enteré por mis padres ni por ningún adulto. Como a todo chico que anda con sus pares, la menstruación me parecía algo divertido. La usábamos como algo que nos servía para ridiculizar y burlarnos de las chicas. Si bien yo no entendía del todo qué era, los muchachos solían decir que nuestros maestros (tanto hombres como mujeres) estaban "con la regla" cuando se mostraban duros o malhumorados. Aunque no comprendía qué significaba eso, sabía que todos (tanto muchachos como chicas) lo usaban como una forma de mala palabra. En verdad yo no sabía qué era estar "con la regla", o qué tenía que ver eso con un período. Después de un tiempo, me di cuenta de que un período se presentaba una vez por mes y que las chicas evitaban usar ropa blanca durante ese tiempo.

153

Recuerdo que, en el almuerzo, otros muchachos solían bromear poniendo jugo de fruta en el asiento de las chicas para que cuando se sentaran se mancharan los pantalones. Por fortuna, era más lo que hablábamos que lo que hacíamos.

El primer contacto que tuve con la seriedad de la menstruación fue cuando estaba en 9° grado. Llegaba casi media hora tarde a clase. Estaba caminando hacia el aula cuando oí que una chica lloraba y una maestra la consolaba. La maestra dijo: "Es natural que suceda esto. Una no puede saber exactamente cuándo se va a presentar". En ese punto, yo ignoraba realmente de qué estaban hablando. Pero sí noté que la chica estaba preocupada y lloraba. Luego la chica dijo: "Es humillante. Todo el mundo lo vio y yo ni siquiera puedo controlarlo". Pensé en eso todo el día. Pensé que tal vez hubiese eructado o tropezado o algo así. No podía entender por qué alguien se sentía tan preocupada. No se me ocurrió hasta alrededor de un mes más tarde, en la clase de higiene, cuando aprendí sobre el sistema reproductivo femenino y cómo el útero se limpia cada mes. Después de esa lección, ya no fue divertido pensar en manchar los pantalones de las chicas con jugo de fruta.

Cuando entré en la escuela secundaria, el tema de la menstruación fue más serio. En casa, nadie hablaba ni mencionaba el asunto. Nunca me habría enterado, de no ser por la escuela. Muchos tipos empleaban ese episodio natural como una excusa para explicar por qué las chicas andaban de mal humor. Yo tenía una amiga íntima que confiaba en mí y que me contaba todo. Supe por ella que algunas chicas toman píldoras anticonceptivas para evitar los espasmos y regular sus períodos. Me contó acerca de su dolor y su incomodidad durante el período. Incluso evita ciertas actividades porque no puede predecir cuándo tendrá su período y cómo se va a sentir.

Las chicas tienen que pasar por muchas más cosas que los varones. De hecho, es probable que las chicas sean más fuertes que los muchachos, dado todo lo que tienen que pasar con la menstruación. Cuando pienso en eso, me alegra no ser mujer. A mí no me va a resultar fácil explicarle la menstruación a mi hijo. Es probable que le explique los detalles de la menstruación en términos médicos. También le recordaría que la menstruación no es algo que las chicas tienen por elección. Por lo tanto, es algo que él no debería usar para burlarse de ellas. Ojalá no me hubiese burlado de las chicas por ese episodio natural, cuando estaba en los primeros años de la escuela secundaria.

"¿Por qué tienen manchitas las chicas?"
Marcus, 24 años

Una vez, cuando yo tendría siete años, entré en una habitación en el momento en que tía Rose le estaba diciendo a la abuela que tenía puntadas muy fuertes. Cuando tía Rose terminó lo que estaba diciendo, les conté a las dos que yo había tenido una puntada ese día, mientras nadaba. En cuanto pudieron controlar la risa, tía Rose me dijo que debí haber tomado Evanol (unas tabletas que se usaban para aliviar los espasmos menstruales). Le dije que no lo tenía en ese momento, pero que recordaría llevar unas pastillas cuando volviera a la piscina. Luego, la abuela me explicó que tía Rose se refería a molestias que sufren sólo las mujeres. En lugar de hacer otras preguntas, me limité a decir "¡Ah!".

Después, mi madre me habló sobre la menstruación. Ella empleó la palabra "período". No sabía qué era un período, pero sí que causaba espasmos.

Mi tío Mick se casó cuando yo tenía ocho años. Un año después, tía Gina quedó embarazada. Recuerdo haber oído que tía Gina le decía a la abuela que le alegraba la idea de no tener su período por nueve meses. Por supuesto, la abuela le dijo a tía Gina que habría muchas otras molestias que ocuparían su lugar. "¡Ajá!", pensé. Los períodos tienen que ver con tener bebés. Había reconocido cierta información que sugería que yo no debería pasar por ese asunto del período, ya que era varón.

También recuerdo que cada año algún muchacho trataba de hacerle la misma broma a la maestra. Siempre parecía ser la misma clase de muchacho: el revoltoso que siempre buscaba pelearse y trataba de impresionar a los otros chicos. Cada año ese chico deslizaba un tampón en el escritorio de la maestra y esperaba que ella lo encontrara. Siempre resultaba igual: la maestra encontraba el tampón, se ponía furiosa y decía: "¿Quién hizo esto?". Yo nunca sabía qué era lo que la maestra estaba sosteniendo, pero me reía tanto como los demás para que no se notara que no sabía qué estaba sucediendo. La maestra sabía exactamente quién lo había hecho y enviaba al chico a la dirección. Yo tenía la impresión de que cada vez que un chico intentaba el mismo chiste, sabía muy bien que sería descubierto y enviado a la dirección. Debía ser un precio muy bajo a pagar por divertir a toda la clase.

Finalmente, en 6º grado, después de ver la broma del tampón cuatro veces, descubrí por accidente que la cosa que la maestra estaba sosteniendo en su mano era un tampón. Un amigo le explicaba la broma a un tipo que había faltado. Dijo: "Damien puso un tampón en el escritorio de la señora Boynton". Eso tampoco significaba mucho para mí, ya que no sabía para qué se usaban los tampones. De todos modos, fue una información más que luego resultó útil.

Pocas semanas después, estaba buscando un jabón bajo la pileta del baño cuando vi una caja con la palabra "tampón" impresa en la tapa. Nunca había visto escrita la palabra "tampón", de modo que me llevó un momento pronunciarla y darme cuenta de qué se trataba. Me puse un poco nervioso por estar a punto de saber sobre esas cosas tanto como sabía la mayoría de mis amigos. Abrí la caja y vi varios de esos tubos familiares con su envoltorio. Quité un envoltorio, abrí el tubo de cartón y terminé más confundido que esclarecido. No tenía idea de cuál era el uso de ese objeto. Rápidamente tiré las partes al fondo del cesto de residuos y volví a guardar la caja bajo la pileta. Pensé que podría aprender todo lo posible mientras estaba ahí. Luego encontré una caja con la leyenda "maxi toalla". Antes de abrir la caja, traté de imaginar cómo sería la maxi toalla. Abrí la caja y encontré unas cosas largas, ovales y suaves. Pensé en Alicia que se volvía más y más grande y me dije: "¡Más y más curioso!". (Sí, Alicia en el país de las maravillas era una de las historias favoritas incluso entonces.)

Toda la información que había guardado comenzó a cobrar sentido hacia el 7º grado. Empecé a tomar más en cuenta los avisos de Playtex y su uso de palabras como "maxi, protección y comodidad". Para entonces, mi conocimiento del tema había llegado al punto de que yo sabía que el período de una mujer era un dolor que ellas tenían cada mes. Ponía de mal humor a las mujeres, que necesitan usar cosas suaves y acolchadas. Lo que aún no sabía era para qué servían las cosas suaves y acolchadas, y por qué las mujeres tenían períodos.

Tras observar los avisos comerciales con más atención para ver si podía obtener respuestas, noté que en realidad nunca decían para qué eran específi-

157

CLAVES PARA HABLAR DE LA MENSTRUACIÓN CON TU HIJA

camente las toallas y los tampones. Pensé para mí: "Los avisos de desodorantes dicen dónde vaporizar, y los avisos de jabón y de champú dicen qué son y cómo usarlos. ¿Por qué la gente de Playtex no me muestra cómo y dónde usar esas toallas y esos tubos?". Cuando finalmente tuve las respuestas, me sentí aliviado y un poco más astuto. Aún me era desconocido por qué las mujeres tenían períodos. La pregunta quedó sin respuesta durante meses porque me daba vergüenza preguntar.

Finalmente oí que la abuela decía la palabra "menstruación" en una charla. Seguía dándome vergüenza averiguar, de modo que lo busqué en la guía médica familiar. No sirvió de mucho, porque las palabras eran desconocidas y no tuve suficiente paciencia para ubicar en el diccionario todas las que no conocía. Decidí desechar el tema porque, de todos modos, a mí no me afectaría, o eso era lo que creía.

Cuando fui a la escuela secundaria, tuve una maestra de anatomía con la que resultaba fácil hablar de cualquier tema. Cuando llegamos a la parte de nuestro libro que se ocupaba de la menstruación, ella explicó con claridad todo el proceso. Me sentí agradecido de que al fin alguien me hablara del tema.

"¡No es justo! Máquinas que expenden caramelos en el baño de las chicas." Jeffrey, 18 años

Esta es mi historia sobre las mujeres, su menstruación y cómo me enteré de ese proceso. Creo que los hombres deberían saber sobre la menstruación, para poder entender a las mujeres a las que aman. Yo descubrí el tema por curiosidad.

Cuando tenía siete u ocho años, estaba con mi bella madre en un parque de diversiones. De pronto, de verdad necesité ir al baño. Mi madre no quiso que fuera solo porque los baños de hombres estaban muy atestados, y ella temía tanto que me perdiera, que me llevó al baño de señoras.

Ella no podía imaginar que yo estaba por entrar en el mundo de la menstruación. Cuando salí del compartimiento, busqué con la vista a mi madre. No pude encontrarla y empecé a ponerme muy nervioso. Gritaba "¡Mamá! ¡Mamá! ¿Dónde estás?". Al fin, oí una voz que llegaba del último compartimiento. "No te preocupes, Jeffrey, estoy acá. Cálmate, estaré contigo en un segundo." Aunque me dijo que ya venía, yo seguía sintiéndome nervioso por estar en el baño de las mujeres. Entonces oí las voces de unas mujeres que se dirigían al baño. Fue ahí cuando empecé a buscar un lugar donde esconderme.

Entonces me golpeé la cabeza contra una gran caja gris que estaba en la pared. Para ese momento, mi madre había salido del compartimiento. Me levanté y empecé a mirar esa caja rara. Fue ahí cuando me di cuenta y dije: "Ustedes tienen máquina de caramelos en el baño. Por eso las chicas se quedan siempre en el baño".

Mi madre estaba detrás de mí con las dos mujeres que acababan de entrar. Estas se reían y la cara de mi madre se ruborizó un poco y mostró una expresión rara. Me tomó de la mano y salimos rápidamente. Ella guardaba silencio y entonces le dije: "Mamá, eso no es justo. ¿Por qué ustedes tienen máquina de caramelos y nosotros no?".

Ella se detuvo, se volvió hacia mí y me dijo: "Jeff, esa no es una máquina de caramelos. Se trata de una máquina hecha especialmente para las mujeres. Es una necesidad y ayuda a las mujeres a tratar el dolor y la molestia de sus ciclos".

159

Yo no sabía de qué estaba hablando. Me di cuenta de que se sentía incómoda y no quería hablar de eso. No insistí. Estuvimos callados un rato y luego nos sonreímos mutuamente y olvidamos el tema por el momento. Ese fue el comienzo de mi descubrimiento de la menstruación.

Mi experiencia siguiente con la menstruación ocurrió cuando yo tenía alrededor de diez años. Estaba en misa con mi familia. De repente, una de mis hermanas empezó a quejarse de un espasmo. Yo no sabía de qué estaba hablando. Sabía que no había querido hacer deportes con nosotros el día anterior, ¿cómo podía tener dolores, entonces? Oí que mi mamá le decía a mi papá: "Ha llegado su visita mensual". En seguida, salieron mi mamá y mi hermana. Yo pensé: "¿Cómo le permiten salir de misa sólo porque tiene un dolor de estómago? A mí me duelen las piernas mucho más que a ella, pero sigo arrodillado rezando y ella se va sin decir una sola oración". Me dirigí a mi padre y le pregunté si podía salir un momento porque me dolía mucho el estómago. Él susurró: "Estoy seguro de que no tienes los mismos dolores que tu hermana". Yo seguía sin entender, pero lo dejé pasar. Me quedé el resto de la misa con un aire de intriga en la cara, mientras trataba de entender lo que mi padre me había dicho.

Otra experiencia se destaca en mi memoria, acerca de la menstruación. Alcancé a oír a mis hermanas discutiendo enojadas. Mi hermana mayor, Mary, se volvió a Ann y le dijo: "¿A ti qué te pasa, tienes el SP?". Siguieron discutiendo, pero por alguna razón esas palabras quedaron impresas en mi mente. Cuando terminó la pelea, me acerqué a Ann y le pregunté: "¿Qué es el SP? ¿Qué significa eso?".

Ann me miró y me dijo: "Mira Jeff, no es necesario que lo sepas". Su respuesta provocó en mí una curiosidad aún mayor. Le preguntaba repetidamente y ella no me lo quería decir. Al fin logré cansarla. Me tomó de los hombros, me miró a los ojos y me dijo: "¡El SP, Jeff, quiere decir Soportar Pavadas de los hombres! Ahora, déjame en paz". Mientras se alejaba, la miré. Estaba tan seria y segura de sí misma que le creí.

La información que me dio Ann volvió a aparecer, dos semanas más tarde, en una fiesta de casamiento. Yo estaba de pie en una fila, esperando una copa de bebida. Oí a dos señoras que conversaban. Una le dijo a la otra en voz baja: "¿Qué le pasa a Rachel últimamente? Debe ser el SP". Me entusiasmé al oír eso: ahora sabía de qué estaban hablando. Ya no era un código secreto, yo lo había descubierto. Me sentí tan ansioso de acercarme a mi hermana y hacérselo saber que salí de la fila y la busqué. Cuando al fin la encontré, estaba con unas primas un poco mayores. Yo trataba de interrumpirla. Al fin me dijo: "¿Qué sucede, Jeff?". La miré con una sonrisa en la cara y le dije: "¿Ves a Rachel, allá?". Todas miraron hacia donde yo señalaba. "Sí, ¿qué sucede con ella?", preguntó Ann.

"Esa señora tiene el SP." Ann y nuestras primas me miraron azoradas. Entonces, una de nuestras primas me preguntó: "¿Cómo sabes del SP?". Respondí con cierta petulancia y confianza. "Ah, eso es fácil. Ann ha estado con el SP por semanas."

Hubo grandes carcajadas. Yo no entendí qué era lo divertido. Todo lo que supe fue que por un momento me había convertido en la vida de la fiesta. Cuando dejaron de reír, me miraron con el rostro ruborizado y sacudieron la cabeza. Cada vez que me miraban ese día, empezaban sonriendo y luego se reían. Yo no sabía qué sucedía, pero gozaba de la atención que me prestaban.

Estas son sólo algunas de las situaciones que recuerdo en relación con la menstruación. A través de todas esas experiencias, aprendí un poco sobre la mujer y su ciclo. Reunía cada experiencia con las anteriores y las conectaba como un rompecabezas. He aprendido mucho en el curso de los años. Estoy bastante seguro de saber lo suficiente acerca de la menstruación. Tener una madre y dos hermanas bastante comunicativas me ayudó a entender cosas que al principio resultaban confusas. Mi curiosidad sobre la menstruación ha causado varios momentos engorrosos. Pero saber más sobre las mujeres y su período me ayuda a ser más sensible y a estar más cerca de las mujeres que amo. Eso es lo importante para mí.

Jeffrey afirma que su madre y sus dos hermanas fueron francas con él acerca de la menstruación, ¡pero su historia revela precisamente lo opuesto! Cada vez que le pedía información a su madre o a sus hermanas, sólo encontraba silencio, ira, hostilidad ¡o el ridículo! Mujeres y chicas también deben asumir cierta responsabilidad en cuanto a la ignorancia y la insensibilidad de hombres y muchachos respecto de la menstruación. La historia de Jeffrey es un ejemplo perfecto de un muchachito que deseaba conocer los detalles de la menstruación, pero no podía obtenerlos de ningún miembro de su familia. No sólo las mujeres deben ser sinceras con hermanos e hijos. Si las chicas no quieren que los muchachos las provoquen, ¿las hermanas y las madres no deberían ser igualmente respetuosas y no usar frases como "Soportar Pavadas de los hombres"? Aunque tal expresión pueda ser divertida para las mujeres, ¿no es tan ofensiva como estar "con la regla"?

Cosas para pensar

- ¿Qué es lo que estos jóvenes aún deben saber sobre la menstruación?

- ¿Cómo trataron estos jóvenes a las chicas respecto de la menstruación?

- ¿Cómo tratan las chicas a los muchachos? Piense en la historia de Jeffrey y en las hermanas que se burlaban de él. ¿Qué piensa de eso y del significado que le daban al "SP"? ¿Es tan ofensivo para los hombres como "con la regla" es para las mujeres? ¿Por qué?

- ¿Qué resultó triste en estas historias? ¿Por qué?

- ¿Cómo cree que se debe educar a los muchachos en cuanto a la menstruación?

- ¿Qué rol deberían tener padres, madres, hermanas y hermanos mayores en la educación de los muchachos acerca de la menstruación?

10

La menarca es una oportunidad para celebrar

La menarca es un verdadero ritual de pasaje para las chicas. El flujo menstrual es un concreto indicador de cambios en el cuerpo de una joven, los cuales le permiten gestar la generación siguiente. Se trata de un episodio importante que, por cierto, es motivo de celebración. Algunas culturas poseen una ceremonia formal para esta transición. En estas ceremonias, la joven llega a la celebración como una niña y se marcha como una mujer. Después de la ceremonia, se espera que todos traten a la muchacha como a una joven mujer.

Hay dos tipos de ritos de pasaje relativos a la menarca que los antropólogos y otros investigadores han identificado en culturas del mundo. El primer tipo incluye alegres celebraciones de fertilidad y aceptación de la iniciada en la sociedad adulta. El segundo implica mutilación física y dolorosos rituales de degradación y coerción por parte de la sociedad.

Una de las ceremonias más bellas es la Kinaaldá de los navajos. Es también uno de los ritos religiosos más importantes para ellos. Se trata de un festejo que se extiende por cinco días y cinco noches. La niña que recibe su primera menstruación se recluye, con las mujeres que la instruyen sobre sus nuevas responsabilidades de higiene y conducta como mujer que menstrúa, en la tribu. Ella se entera de los honorables propósitos de la menstruación, de su lugar en la perpetuación de su pueblo y de las costumbres tribales. Una vez que la joven ha aprendido sus lecciones con la aprobación de las mujeres de la tribu, las celebraciones y fiestas conmemoran la aceptación de su nuevo y valioso estatus y el reconocimiento de este por parte de la tribu.

Otra tribu nativa americana, los apaches mezcaleros, tiene una única celebración para todas las chicas que empezaron la menstruación durante el pasado año. Las jóvenes son reconocidas durante cuatro días de ceremonias públicas, seguidas por otros cuatro días de ceremonias privadas. También hay festejos, entrega de obsequios y danzas.

En diferentes áreas de la India, la chica que tiene su menarca es apartada de la familia y los amigos. Durante esa reclusión, ella se baña usando óleos ceremoniales. Después de la reclusión hay un banquete para parientes, amigos y vecinos, quienes le llevan presentes a la muchacha. Habitualmente, uno de los obsequios es un largo sari que sólo usan las mujeres hindúes y que reemplaza su corto vestido de niña.

Muchas familias japonesas tradicionales informan a sus parientes y amigos, mediante símbolos, en lugar de una celebración elaborada. Hay una costumbre japonesa según la cual, los padres de la joven que tiene su menarca preparan una comida para invitados y colocan una fruta con tallo y hojas, fresca o confitada, en la bandeja de la comida principal. Todos entienden el significado del gesto y la joven es aceptada en su nueva posición en la familia.

Hay muchos más ejemplos de ritos de pasaje menstrual, tanto bellos como horribles. En este libro he preferido ignorar aquellos que son física y emocionalmente perjudiciales y degradantes para la muchacha en particular y las mujeres en general. Si a usted le interesa saber más sobre la historia de los ritos y tabúes menstruales y su lugar en diferentes sociedades, tiene excelentes fuentes en *Red Flower, Rethinking Menstruation*, de Dena Taylor, y *The Curse, A Cultural History of Menstruation*, de Delaney, Lupton y Toth.

En nuestra moderna cultura materialista, los ritos de pasaje no se consideran como ocasiones importantes para celebrar; la menarca, en particular, ha sido omitida y relegada a la condición de un episodio no tenido en cuenta en la vida de una muchacha joven. Creo que es mucho lo que se puede decir en cuanto a respetar los ritos de pasaje en general. Cada religión importante posee una ceremonia que honra el pasaje de la niñez a la adultez. La ceremonia informa al individuo que él o ella ocupa ahora una nueva posición en la comunidad y que esa nueva posición llega con responsabilidades pero también con privilegios específicos. La ceremonia notifica a la comunidad que ese individuo ocupa ahora un estatus nuevo y valorado. En la fe judía, chicas y muchachos celebran a los trece años su Bat Mitzvah o Bar Mitzvah. Esta celebración reconoce públicamente al joven o a la joven de trece años, y él o ella acepta un rol nuevo e importante en el sostenimiento de la fe judía. En el cristianismo, los ritos de Confirmación cumplen el mismo propósito. Para otros individuos, la graduación en la escuela o en una academia o programa de enseñanza, significa públicamente un cambio de estatus. Lo común es que los individuos perciben que han cambiado, y que la comunidad los reconoce como miembros cambiados y más valiosos. Creo que, incluso sin esos ritos públicos de pasaje, hay muchas transiciones y episodios de la vida que merecen que se los conmemore privadamente dentro de la familia. La menarca es uno de ellos.

167

Dado que en nuestra moderna cultura mundana no tenemos rito de pasaje público para la menstruación, nuestro desafío como padres es crear un festejo personal o familiar apropiado que signifique el pasaje de una etapa de la vida, la niñez, a la etapa siguiente, la adolescencia. Empleo la palabra "adolescente" y no "mujer" o "adulta" porque las chicas jóvenes que tienen su menarca saben que aún no son adultas. No poseen todos los derechos, privilegios y responsabilidades de las mujeres adultas. De hecho, muchas jovencitas se sienten insultadas si se les dice que ahora "ya son una mujer" simplemente porque han empezado a menstruar. Las chicas saben que pueden embarazarse, pero también que aún no son percibidas o aceptadas como adultas por las leyes de la sociedad.

Hay una cantidad creciente de padres y familias que convalidan que cuando una chica desarrolla su capacidad para reproducir, debe haber un reconocimiento de ello. Por lo tanto, le brindan alguna celebración personal o familiar. Espero que cuando usted y su hija lean sobre estas celebraciones, se inspiren para crear la suya propia. Más adelante, en este capítulo, proporcionaré algunas sugerencias que pueden ayudar a decidir cómo resaltar ese hecho importante en la vida de su hija.

Celebraciones de la menarca

En la historia del capítulo 4, "No quiero una fiesta", Sarita estaba ansiosa porque temía que su madre organizara una fiesta para celebrar su menarca. Estaba segura de que moriría de vergüenza si la madre le ofrecía una fiesta. ¿Realmente se habría sentido avergonzada o se habría alegrado de que su madre le preparara una celebración? Como la mayoría de las chicas de hoy, Sarita no poseía un marco en el cual imaginar una celebración para su menarca.

Las historias sobre las celebraciones de la menarca no abundan en nuestras comunidades. ¿Por qué no? Si la menarca es un rito de pasaje de la infancia a la madurez sexual, y si se trata de una piedra angular del desarrollo, ¿por qué no la celebramos? Tal vez, como Sarita, no tenemos ni idea del modo en que se podría organizar una fiesta por la menarca. Aún no se venden tarjetas que digan "Felicitaciones por tu menarca". A pesar de que idear una celebración adecuada y especial para la llegada de la misma requiere tiempo e imaginación, conozco un número de familias que han creado sus propias celebraciones para la hija. Creo que usted se sentirá alentada a proponer su propio festejo relativo a la menarca, cuando tenga noticias de estas familias.

Frank y su hija Alissa: una comida muy especial

Frank es un papá divorciado que tiene la custodia compartida de su hija Alissa. Al menos un año antes de su menarca le dijo a la joven que deseaba invitarla a una cena especial en el restaurante que ella eligiera, cuando tuviese su primer período. Cuando la niña tenía alrededor de nueve años, él ya se había ocupado de la preparación de Alissa, tratando con ella el tema de la menstruación. Incluso había comprado artículos de higiene femenina y los guardaba en el baño de Alissa para el caso de que tuviera el período por primera vez cuando ella estuviera en su casa. Si bien Alissa también había hablado sobre la menstruación con su madre, la hizo sentir más cómoda saber que su padre estaba preparado para la ocasión si se presentaba cuando ella estaba con él.

A Frank y Alissa les divertía hablar sobre el restaurante que elegiría la muchacha para la celebración. A ella le encanta la comida japonesa y Frank le prometió llevarla a un elegante restaurante japonés donde las camareras lucen kimonos hermosos y donde uno puede sentarse en el piso en una habitación privada, auténticamente decorada al estilo japonés. Los dos aguardaban esa ocasión. También era la manera por la

169

cual Frank se aseguraba de que Alissa le hiciera saber sobre su primer período, ya que era su pase para una cena muy especial.

Frank debió reorganizar su agenda rápidamente cuando la menarca de Alissa llegó un miércoles. Mientras comían teriyaki de carne, conversaron sobre el nacimiento de Alissa y otros recuerdos de la infancia de ella. Sobre todo, hablaron de los libros que estaban leyendo, del equipo de básquet de Alissa, de los planes para las vacaciones de verano, de otros miembros de la familia y de lo que Alissa quería para su próximo cumpleaños. La celebración conjunta de la menarca le ha permitido a ella compartir con su padre sus malestares menstruales. Frank dice que es más sensible a los cambios de humor y a los problemas de su hija.

Katie y su madrina Mara: un libro hecho a mano

Una de las mujeres de las que Katie se siente más cerca es su madrina Mara. Cuando tuvo su período por primera vez, Mara fue la primera persona a la que llamó, después de comunicarse con su mejor amiga de la escuela. Mara le dijo a Katie que deseaba darle un regalo para celebrar su menarca y las dos combinaron para tomar el té juntas. Durante el té, Mara le entregó a Katie un libro singular, hecho a mano, en cuya primera página se leía: "Bienvenida al mundo de las mujeres". El resto del libro contenía historietas que divertían con estereotipos de mujeres de todas las edades. Las citas en el libro acentuaban claramente la alegría de ser una mujer que se quiere y cree en sí misma. Mara sabe que conviene manejar con un agudo sentido del humor cuarenta años de períodos. Le habló a Katie de Sofía —el espíritu de la sabiduría femenina—, que con seguridad, aprobaría el libro sabiamente humorístico que ahora atesora Katie.

Un camping ceremonial para Anna

Al discutir los temores acerca del modo en que podría cambiar su vida una vez que tuviera su período, Anna le dijo a la madre que no deseaba dejar de hacer ninguna de las actividades que más le gustaban, como handball, patinaje y vida de campamento. La madre le dijo que no se preocupara, que no había ninguna razón por la cual no pudiera patinar, jugar al handball o acampar cuando lo deseara. De hecho, cuando Anna tuvo su primer período, la madre sugirió que la familia saliera en un viaje de campamento el fin de semana siguiente, para celebrar, y que Anna también podía invitar a su mejor amiga, Tracy.

Acampar resultó tan divertido como siempre, con caminatas durante el día y fogones a la noche. Sólo que esta vez, la familia de Anna —la madre, el padre, la hermana y el hermano— y Tracy decidieron que ese viaje particular fuera inolvidable. Bajo un cielo tachonado de estrellas, con golosinas en las manos, todos brindaron por la nueva etapa de Anna como "adolescente que menstrúa y que está bien orientada en su camino a la adultez". Será un camping que ella nunca podrá olvidar.

Aplausos para esas familias que crean celebraciones para sus hijas. Los festejos familiares hacen que una chica se sienta cómoda más fácilmente con ese proceso natural que ahora se ha convertido en parte de su vida.

También hay pequeñas celebraciones de la menarca. Las chicas llaman a mujeres significativas en su vida y les cuentan que ha llegado su período. Las respuestas cálidas de abuelas, tías y amigas mayores proporcionan una sensación de alegría por el hecho de que la chica ha superado otra etapa en su desarrollo. Imaginemos un aviso comercial de teléfonos que presenta a una chica hablando:

"Hola, abuela. ¿Sabes una cosa? Llegó mi período."

"¡Oh, Courtney, eso es maravilloso! Cuéntame."

Ideas para crear una celebración de la menarca

La última sección de este libro contiene ideas para celebrar la menarca, que pueden ser gratas, significativas y formadoras de tradición. Sugiero que usted empiece a conversar, mucho antes de que su hija tenga el período, sobre todo lo que deseen incluir en el festejo de la menarca. Mi experiencia es que a algunas chicas no les agrada la idea de un festejo de ese tipo. Explíquele que sabe que eso no suele celebrarse, pero que usted quiere hacer algo especial para ella. Siga haciendo sugerencias y, antes de que pase mucho tiempo, es probable que ella acepte algo, aunque sólo sea para que no se hable más del tema. Persista: los recuerdos se atesoran.

Si su hija inicia el período antes de que usted haya planeado con ella alguna celebración, es posible pensar rápidamente algo de todos modos y elegir un momento para homenajearla. Las hermanas mayores, que no tuvieron conmemoraciones de su menarca, también deberían ser incluidas y agasajadas. Si es apropiado, también a ellas se las puede reconocer por su rol especial como hermana mayor "más sabia" que menstrúa.

Los aspectos importantes de esta celebración son: 1) incluir a los miembros de la familia, los parientes y los amigos íntimos; 2) reconocer la menstruación como un paso importante de la femineidad y 3) mantener abiertos los canales de comunicación entre los miembros de la familia, para futuras conversaciones sobre salidas con muchachos, sexualidad y matrimonio. Aquí tenemos unas pocas sugerencias de mi hija de doce años, nuestra familia y amigos: invitar a los miembros de la familia a crear poemas, dibujos, álbumes de fotos o videos especialmente ideados para la ocasión. Su hija y usted podrían inventar algo juntas. Esto podría inspirarse en algunas de las sugerencias anteriores, u otra cosa que a ustedes les guste hacer juntas, como preparar una manualidad o diseñar láminas con frases que hablen de las creencias de su familia acerca de las responsabilidades adultas. La obra artesanal puede exhibirse luego en la casa para recordarle a su hija su conexión con usted y los valores de la familia. Tejer o hacer a crochet una manta que se convierta en un recuerdo para ella, practicar bien una pieza de piano a cuatro manos o un dúo de cualquier índole que luego se ejecute para la familia, puede transformarse en un símbolo especial referido al crecimiento de la hija.

Las ideas que incluyen a familia y amigos en las celebraciones pueden ser tan simples o tan elaboradas como su hija y su familia deseen hacerlas:

- La familia prepara una salida cultural especial para la hija, con el propósito de asistir a una representación en vivo, a elección de ella. Podría tratarse de un espectáculo de danzas, ballet, teatro, un recital en el parque, ópera u otra obra musical. Asegúrese de mencionar, en algún momento del paseo, la transición y la aceptación de ella por parte de la familia como miembro más maduro. Esto puede realizarse antes o después de la celebración, con una simple declaración o una tarjeta especial preparada por la familia.

- Los miembros más cercanos de la familia podrían realizar una caminata a lo largo de un río favorito o alrededor de un lago. Durante el paseo, los miembros de la familia pueden expresar sus sentimientos sobre el crecimiento, el convertirse en adulto y ser responsable de su cuerpo, de maneras nuevas. El respeto por la naturaleza y los ciclos de la naturaleza son buenos temas que ayudan a guiar las conversaciones sobre el aspecto cíclico de la menstruación.

- Hacer un picnic en un parque que a ella le guste, con sus comidas y postres predilectos. Prepare una cadena de margaritas, una guirnalda de hiedra o un aro de flores para que ella luzca en la cabeza y muestre así su

173

condición especial ese día. Entre los juegos, preparar la comida, servirla y limpiar, facilita que amigos y miembros de la familia la lleven a dar un paseo y le comuniquen verbalmente qué cosas admiran en ella y esperan que las mantenga en su adultez.

- Organice una fiesta con comida sencilla para la familia, los parientes y los amigos. Cada uno, incluida su hija, integrará pequeños equipos que presenten escenas cómicas, empleando cuentos de hadas modificados, para que reflejen modelos de rol femenino positivos, que se adecuen a esa ocasión especial.

- Reúna a tantas mujeres de la familia como sea posible o durante la noche de la primera luna llena después de que la chica haya llegado a su menarca (o en cualquier otro momento que elijan usted y su hija). Pídale a cada una de ellas que cuente una historia sobre alguna mujer de la familia que tuvo influencia sobre su vida adulta y por qué. El grupo puede compartir algo para beber y otras cosas ricas.

Piense en esta primera celebración como el inicio de una tradición para su familia y use la estructura para cuando cada hija o sobrina llegue a la menarca. Agregue un toque especial específico de acuerdo con el gusto, el interés o la personalidad de cada una. La celebración, sea simple o elaborada, se convierte en un momento importante de reconocimiento para su hija u otra joven y enriquecerá su historia personal en relación con la menstruación.

Pensamientos finales

Con su entusiasmo y convicción de preparar a su hija para la menstruación y de celebrarla con ella, usted permite que atesore vivencias positivas asociadas con esa época extraordinaria de la vida. Después de todo, usted y su hija merecen recordar el comienzo del viaje como mujer, llenos de gratos momentos.

Explicación avanzada de la menstruación

Muchas chicas tienen ciclos irregulares durante los primeros años. Sea regular o irregular el ciclo de la jovencita, su cuerpo atraviesa una serie de cambios hormonales que desencadenan la menstruación. Las hormonas del ciclo menstrual se regulan entre sí por medio de un sistema de realimentación negativa. Esto significa que una hormona estimula el incremento o la disminución de otra hormona según los niveles de cada una de ellas en la corriente sanguínea. Cada vez que reviso estas fases, quedo sorprendida por el equilibrio intrincado y delicado de las hormonas femeninas.

La menstruación se divide en cuatro fases. La primera es la fase menstrual (días 1-5) que comienza si el óvulo no está fertilizado. El flujo menstrual empieza cuando se despide el revestimiento uterino (endometrio) debido a los bajos niveles de estrógeno en la sangre. El bajo nivel de estrógeno también estimula al hipotálamo para que libere hormona gonadotrófica. Esta, a su vez, estimula a la glándula pituitaria para que libere hormona folicular.

La segunda fase se denomina fase folicular (días 6-12). La hormona folicular fluye a los ovarios a través de la corriente sanguínea, donde desencadena la maduración de varios folículos y sus óvulos. Los folículos en desarrollo producen estrógeno. La fase folicular termina cuando se incrementa el estrógeno e indica al hipotálamo y a la pituitaria que reduzcan la hormona folicular y empiecen a segregar hormona luteinizante.

La tercera fase se denomina fase ovulatoria (días 13-15). La oleada de hormona luteinizante detiene el crecimiento de todos los óvulos, salvo uno. Este óvulo es liberado del ovario e inicia su desplazamiento por el oviducto. Al nacer, una chica tiene aproximadamente 400.000 óvulos en cada ovario. Se estima que se desarrollan o maduran entre 300 y 500 óvulos en el curso de la vida reproductiva de una mujer.

La cuarta fase se denomina fase premenstrual (días 16-28). Esta fase se divide en dos partes. La primera, la fase lútea (días 16-23) empieza cuando el folículo vacío evoluciona convirtiéndose en el corpus lúteo, que significa "cuerpo amarillo". El corpus lúteo segrega progesterona en la corriente sanguínea. La progesterona aumenta el revestimiento uterino. Si el óvulo es fertilizado por un espermatozoide, entonces el corpus lúteo sigue produciendo progesterona. Si el óvulo no está fertilizado, cesa la producción de estrógeno y progesterona. El nivel bajo de progesterona le indica a la glándula pituitaria que cese la producción de hormona luteinizante.

Durante la parte 2 de la fase premenstrual (días 24-28), los niveles bajos de estrógeno y progesterona estimulan al hipotálamo para que envíe hormona gonadotrófica. Esto vuelve a iniciar el ciclo menstrual, porque sin progesterona el revestimiento uterino empieza a deshacerse. El día 1 de la fase menstrual es el primer día del flujo de sangre.

Muchas chicas tienen ciclos irregulares en los primeros años. Es fácil entender por qué sucede eso. De hecho, no ovulan en los primeros meses después de la menarca. Pueden saltear un mes o dos. Lleva un tiempo que el cuerpo regule la producción de hormonas.

Dificultades menstruales

Se piensa que los períodos dolorosos son causados por los cambios hormonales. El término técnico es dismenorrea. Se cree que los períodos infrecuentes son el resultado de anormalidades del hipotálamo, la glándula pituitaria o los ovarios. El término médico es oligomenorrea y se recomienda que se consulte a un facultativo, si la joven tiene menos que los habituales 11 a 13 períodos por año. Amenorrea significa que la mujer inició su período, pero se interrumpió su menstruación. Las causas más comunes son: enfermedad, pérdida de peso, ejercicios demasiado vigorosos y estrés. Una vez más, si se sospecha que una joven ya no tiene su período, entonces es aconsejable consultar al médico. Las chicas que se vuelven anoréxicas no sólo detienen sus períodos sino que también pueden suprimir el crecimiento de sus órganos sexuales internos. Lo opuesto de los períodos leves o la falta de períodos son los períodos intensos, denominados metrorragias. Si el período dura más de 7 días, presenta coágulos de sangre muy grandes o hemorragia, se debe llamar al médico. Los períodos intensos suelen originarse en perturbaciones hormonales menstruales, pero existe la posibilidad de que la causa sea tumores fibroides o infecciones pélvicas.

Glosario para las jóvenes y sus padres

Este Glosario fue escrito con el propósito de explicar los conceptos de la menstruación de una manera comprensible para las chicas jóvenes. Ellas suelen comentar que los diccionarios ofrecen poca ayuda en cuanto a entender los términos menstruales. ¡Tienen razón! Las descripciones de la menstruación que se encuentran en los diccionarios suelen carecer de sentido para las chicas pequeñas.

Muchas jóvenes se sienten molestas con esos términos relativos a la menstruación y con las denominaciones anatómicas, y se preguntan quién inventó esas palabras. En realidad, las partes del cuerpo tienen nombres extraños porque fueron descriptas hace mucho tiempo por su aspecto físico, no por su función, ya que no se conocían las funciones. Hoy se conocen, pero aún quedan los nombres antiguos.

Las palabras de este Glosario pueden encontrarse en los diccionarios, pero no estas definiciones. Como se ha afirmado en todo este libro, el humor es conveniente en las charlas sobre la menstruación y muchas de estas definiciones son divertidas.

Este Glosario puede usarse de varias maneras. Primero, puede ser útil como fuente de consulta para usted, cuando necesite información adicional para responder las preguntas de su hija. Espero que el Glosario le inspire creatividad. Las explicaciones son más significativas y memorables para la hija, si la madre incluye sus propias experiencias. Segundo, esta sección puede servir simplemente como diccionario para el uso privado de su hija. Y, tercero, se la puede leer como una sección en sí misma, por cuanto proporciona un rápido panorama de los términos que a menudo les resultan confusos a las chicas.

ACNÉ: Pequeños granitos que se presentan en la cara y a veces en el cuello y la espalda de chicas y muchachos, durante la adolescencia. También llamado folículo inflamado o mal cutis. Hay dos tipos de acné: espinillas (puntos negros) y acné miliar.

El acné no es nada divertido para la joven que lo sufre. Puede sentirse avergonzada y muy sensible. Yo misma padecí un terrible acné en la adolescencia, y recuerdo muy bien el dolor emocional. Había veces en que no quería salir de mi casa, por el acné. Creía que la gente pensaría que era sucia y que no me lavaba bien. Fue sólo años más tarde cuando supe que el acné no tiene nada que ver con el hecho de refregarse bien la cara, sino que se presenta porque las glándulas sebáceas situadas debajo de la piel producen un exceso de grasa que atrapa bacterias y atasca los poros, causando enrojecimiento, inflamación e irritación. El acné es un problema de la piel, muy común entre los adolescentes.

Cuando el crecimiento repentino de la adolescencia llega a su pico, aumenta la producción hormonal. En general se cree que un desequilibrio hormonal causa acné, pero una historia familiar de acné, o una reacción alérgica a alimentos o cosméticos pueden influir en el hecho de que una persona tenga ese problema o no. Cuando se incrementan los niveles hormonales en la sangre, las glándulas sebáceas empiezan a segregar una grasa llamado sebo. El sebo procede de las glándulas sebáceas que se encuentran debajo de la piel, cerca de los poros. Muchísimas de estas glándulas están situadas en la cara, el cuello, los hombros, el pecho y la espalda. Esto explica que los individuos que tienen acné presenten los peores brotes en esas áreas.

La grasa de las glándulas sebáceas se desplaza a través de los poros y la consecuencia puede ser una piel de aspecto grasoso. Si los poros se obstruyen, es probable que se forme un grano. Los granos inflamados no son causados por la piel sucia. El acné miliar también tiene su origen en la grasa que queda atrapada bajo la piel. En vez de un punto negro, forma un bulto blancuzco.

A veces, el acné puede volverse grave y conducir a quistes. No se recomienda tratar de apretar los granos, bultos blancuzcos o quistes, porque puede tener como resultado cicatrices permanentes. Si el acné persiste o es doloroso, consulte a un dermatólogo. Hay medicaciones que pueden ayudar.

El acné suele desaparecer al final de la adolescencia o al comienzo de la adultez, cuando las glándulas sebáceas producen menos grasa. Sin embargo, suele reaparecer si la persona sufre estrés o pasa por otras situaciones que causan desequilibrios hormonales.

Tener acné no es una buena razón para quedarse en casa y perderse la diversión. Cuando pasen los años, nadie se acordará del acné pero su hija recordará si se perdió un baile o un acontecimiento.

ADOLESCENCIA: Etapa del desarrollo entre la infancia y la juventud, cuando el cuerpo de un niño madura y se convierte en el de un adulto. Es una de las etapas más largas del crecimiento y el desarrollo en la vida de los niños. La adolescencia empieza a la edad aproximada de 10 a 13 años para la mayoría de las chicas y de 11 a 14 años para la mayoría de los muchachos. Termina aproximadamente a los 17 ó 18 años de edad para chicas y muchachos.

Comienzan a producirse cambios inadvertidos dentro del cuerpo de las chicas, unos pocos años antes de que se adviertan cambios exteriores. Hacia la edad de ocho años, la glándula pituitaria, una pequeña estructura del tamaño de una arveja, envía un mensaje para que se liberen sustancias químicas llamadas hormonas. Una de esas hormonas se denomina estrógeno, que circula en la corriente sanguínea de la niña joven por la noche, mientras ella duerme. El estrógeno hace que los órganos reproductivos de una chica empiecen a aumentar de tamaño y a madurar.

Los cambios físicos que se producen durante la adolescencia incluyen: crecimiento y aumento de peso, aparición de vello axilar y púbico y de vello facial en los muchachos, y desarrollo de pechos e inicio de la menstruación en las chicas. Esos cambios físicos conducen a la madurez sexual o capacidad para quedar embarazada. La adolescencia también puede llamarse pubertad.

ANALGÉSICOS: Medicamentos que ayudan a detener o reducir los espasmos menstruales y el dolor de espalda y que pueden adquirirse con o sin receta médica. En algunas de las historias de este libro, las chicas y mujeres comentan cuando tuvieron espasmos y no fueron a la farmacia o al médico en busca de ayuda. Todas recomendaron que las mujeres soliciten ayuda profesional.

ANO: Abertura por la que salen del cuerpo los residuos (llamados heces). El ano es la abertura u orificio en el extremo del tracto digestivo.

No es un órgano sexual, pero dada su ubicación, se lo incluye en el dibujo de los órganos sexuales externos. El ano no tiene nada que ver con la menstruación o el embarazo. (Ver dibujo en la página 189.)

ARÉOLA: El círculo de tejido más oscuro que rodea el pezón en el pecho.

CICLO MENSTRUAL: Las fases regulares que se producen en el útero y en los órganos sexuales relacionados con la menstruación. El ciclo tiene 4 fases. Fase 1: se inicia la menstruación con el útero que sangra o despide su revestimiento. La menstruación dura alrededor de 3 a 7 días. Fase 2: preovulación. Se forma el revestimiento del útero. Madura un óvulo en el ovario (saco). Fase 3: ovulación. El óvulo maduro sale del ovario y empieza su desplazamiento por la trompa. Fase 4: premenstruación. El revestimiento uterino sigue engrosando y el óvulo continúa su desplazamiento. Si el óvulo no es fertilizado por un espermatozoide, el cuerpo se dispone a despedir o a perder el revestimiento del útero y el óvulo no fertilizado.

El ciclo completo suele tomar de 28 a 30 días y luego vuelve a iniciarse. El cuerpo hace nuevo tejido para reemplazar el que perdió durante la menstruación. Estas cuatro fases siguen mensualmente mientras la mujer menstrúa. (Ver diagrama en las páginas 76 y 77.)

CICLO MENSUAL: Otro nombre para el ciclo menstrual.

CINTURÓN PARA TOALLAS: Antes de que hubiera toallas con tira adhesiva, sólo había voluminosas toallas con una cola en cada extremo, que las mujeres usaban para detener su flujo menstrual. Las colas se debían sujetar a un cinturón elástico que se usaba alrededor de la cintura. El cinturón tenía dos ganchos que pendían y sostenían el apósito entre las piernas. La cola del frente ascendía hacia el cinturón cerca del ombligo. Atrás, la cola ascendía entre los glúteos y se enganchaba en el cinturón. Eso tampoco era demasiado cómodo, pero comparado con los paños que se ponían en la bombacha y se aseguraban con alfileres, el cinturón resultaba una gran invención. Hoy aún se pueden conseguir cinturones y alfileres de seguridad, si bien la mayoría de las chicas y mujeres usan las nuevas toallas que se adhieren a la ropa interior.

CLÍTORIS: El órgano sexual externo femenino que se encuentra hacia el frente de la vulva. Tiene un capuchón o cubierta donde se unen los dos lados de los labios menores. El clítoris es muy sensible al tacto. De hecho, es una de las partes más sensibles del cuerpo femenino. Cuando se lo frota u oprime, pueden producirse sensaciones de calor o excitación, o de liberación de la tensión. (Ver dibujo en la página 189.)

CONTROL DE LA NATALIDAD: Hay modos de prevenir el embarazo. Son recursos tanto para mujeres como para hombres, que pueden usarse para impedir que el óvulo y el espermatozoide se unan y se implanten en el útero. Si el óvulo y el espermatozoide no se unen ni se implantan en el útero, la mujer no queda embarazada.

CRECIMIENTO REPENTINO (comúnmente llamado ESTIRÓN): Un importante signo exterior de la adolescencia es el rápido crecimiento y el aumento de peso. Puede comenzar ya a los 8 ó 9 años en algunas chicas, pero el pico promedio del crecimiento son los 12 años. Los muchachos tienen su crecimiento repentino más tarde que las chicas en la pubertad. La edad promedio para ellos es entre los 12 y los 16 años.

Durante el crecimiento repentino, las chicas pueden ser más altas y tener más peso que los muchachos. Esto suele causar incomodidad en la relación entre chicas y muchachos. La mayoría de las chicas llegan a su altura adulta a los 14 ó 15 años; por lo común, crecen primero y unos 6 meses más tarde ganan peso.

Las chicas también se sienten torpes cuando les crecen manos y pies antes que brazos y piernas. Todo ese nuevo crecimiento corporal puede volverlas vergonzosas.

Aparece vello en piernas y axilas, que se oscurece cuando las chicas son más grandes. Eso también les causa vergüenza. Los muchachos u otras chicas pueden burlarse de ellas si se puede advertir el vello. Los padres deben ayudar a su hija respecto de afeitarse o depilarse el vello, de lo contrario, se ven obligadas a resolver por sí solas ese dilema.

Los muchachos a veces se burlan de las chicas por sus cambios físicos. Los psicólogos creen que la razón de que la mayoría de la gente provoque o se burle de otra gente es que se siente inferior. Los muchachos que hacen bromas con el cuerpo en desarrollo de las chicas, se sienten inseguros. Pero es probable que ellos no admitan esto, ¡aunque sea verdad!

Lo mejor es ignorar los comentarios irritantes de los muchachos, aunque resulta más fácil decirlo que hacerlo. Los padres deben hablar con sus hijas respecto de los comentarios molestos o peyorativos que suelen hacer los muchachos. Sugiérale a su hija que le pida ayuda a usted para manejar los comentarios ofensivos de otros muchachos o chicas.

Los padres pueden recordar las afirmaciones crueles u hostiles hechas durante la adolescencia. Es probable que fueran en broma, pero de todos modos hirieron, al dar en puntos débiles o vulnerables. Trate de relacionarse con sus propios sentimientos heridos o su vergüenza cuando consuele a su hija, que ha sido agraviada o lastimada en su ego en formación.

CUELLO: Se trata del cuello del útero. Tiene aproximadamente 2 cm de largo y se extiende hacia la vagina. El flujo menstrual se desplaza a través del cuello hacia la vagina y luego sale por la abertura vaginal. (Ver dibujo en la página 75.)

DEPRESIÓN: Sentirse triste, abatida y llorar o desear llorar más que de costumbre. Muchas chicas dicen sentirse deprimidas o tristes, inmediatamente antes de su período. Nada nos parece bien cuando estamos deprimidos. Algunas piensan que sus amigos ya no las quieren, o que no son inteligentes, y que las cosas nunca van a mejorar. Pocos días después del inicio del período, la mayoría de las mujeres se sienten mejor y les cuesta recordar que estuvieron tan mal sólo unos pocos días antes.

Desarrollo del busto - Escala de clasificación de madurez sexual	
	ETAPA 1 (CMS 1): Durante la infancia, el pecho es chato y sólo los pezones se elevan un poco.
	ETAPA 2 (CMS 2): Llamada la etapa del inicio del pecho. Entre la edad de 8 a 12 años, aproximadamente, empieza a formarse una pequeña cantidad de tejido bajo los pezones y la aréola. La aréola es la piel más oscura alrededor del pezón. Los pezones ahora sobresalen un poco y pueden notarse.
	ETAPA 3 (CMS 3): Los pechos siguen creciendo y se redondean. Los pezones y aréolas pueden crecer en su tamaño. En esa etapa, muchas chicas se sienten más cómodas usando corpiño o camiseta.
	ETAPA 4 (CMS 4): No todas las chicas pasan por esta etapa. En ella, pezones y aréolas forman un pequeño bulto aparte. Esto los hace sobresalir respecto del resto del pecho.
	ETAPA 5 (CMS 5): Los pechos maduros o adultos que se presentan en la adolescencia media (entre los 12 y los 16 años de edad).

DESARROLLO DEL BUSTO: Ese proceso empieza, para la mayoría de las chicas, entre los 9 y los 14 años de edad. El cuerpo de cada chica comienza a desarrollar senos sólo cuando está preparado. Nada puede acelerar el desarrollo del busto ni desacelerarlo. Es la presencia natural de una hormona llamada estrógeno lo que inicia el desarrollo del mismo. Los médicos suelen dividir este desarrollo en 5 etapas. Lo más frecuente es que las chicas estén preparadas para usar corpiño en el momento en que llegan a la etapa 3. Pero algunas ya están listas para usar corpiño durante la etapa 2. A la mayoría, les lleva de 4 a 5 años llegar a la etapa 5 desde la etapa 2. Es importante recordar que cada joven es diferente y que algunas pueden madurar de manera más rápida o más lenta que otras. No hay una sola manera correcta para la naturaleza.

Un hecho poco conocido es que algunos muchachos también experimentan un temporario crecimiento del pecho. Ese crecimiento dura alrededor de 12 a 18 meses y luego el pecho vuelve al tamaño normal para los muchachos. (¡Pensé que podía interesarles!)

DESCARGA VAGINAL: Estas son palabras grandilocuentes que sólo significan que una pequeña cantidad de un líquido blancuzco lechoso o claro como el agua sale de tu vagina. Eso es completamente normal. Las vaginas empiezan a producir ese líquido viscoso antes del primer período de una chica y antes de todos los otros períodos.

Esta descarga es principalmente una mucosidad semejante a la de la nariz. Una nariz con mucosidad u ojos llenos de agua ayudan a eliminar gérmenes, del mismo modo en que lo hace la mucosidad vaginal (llamada descarga). Cuando esa mucosidad se seca en la bombacha, puede dejar una mancha amarillenta.

Las mujeres también tienen una descarga vaginal cuando sufren una infección en la vagina. Esa descarga a menudo tiene un olor fuerte que señala la diferencia entre una descarga normal y una infección. Si hay un olor diferente, más intenso, debe consultarse al médico.

DUCHA VAGINAL: Líquido usado para lavar el interior de la vagina. Agua o agua mezclada con vinagre o bicarbonato de sodio son los líquidos más comunes empleados para lavar el interior de la vagina. También hay fórmulas comerciales que pueden adquirirse en farmacias y supermercados. No conviene hacer esos lavados regularmente, porque la vagina se limpia de manera constante y natural con la propia mucosidad vaginal (también denominada descarga vaginal), incluso durante la menstruación. A veces, la aplicación de un lavado puede eliminar las bacterias útiles que mantienen el cuerpo saludable. Sólo se deben hacer esos lavados cuando los recomienda el médico. Si de pronto advierte una descarga vaginal de un olor diferente, consulte al médico. No conviene efectuarse un lavado antes de ver al médico.

EMBRIÓN: Un óvulo fertilizado por un esperma que se implanta en el revestimiento del útero y normalmente crece durante nueve meses convirtiéndose en un bebé. El embrión es la etapa del crecimiento para los tres primeros meses después de la fertilización o concepción. Después de los tres meses, al embrión se lo llama feto hasta el nacimiento. El embrión es nutrido y alimentado por el revestimiento del útero materno.

EMOCIONES: Sentimientos como los de miedo, odio, amor, enojo, pena o alegría, se denominan emociones. Las emociones pueden cambiar de una a otra con mucha celeridad, durante la adolescencia. Algunas personas que estudian el cuerpo humano creen que las emociones cambian muy rápidamente —de la alegría a la pena, del amor al odio— debido a las hormonas. Muchas de esas hormonas se incrementan durante la adolescencia y podrían explicar por qué chicas y muchachos a veces están irritables. Esos rápidos cambios de humor —de la alegría a la tristeza y la frustración— se denominan "inestabilidad emocional".

Durante la adolescencia, esos cambios emocionales pueden preocupar mucho tanto a los adolescentes como a los padres. Las chicas pueden contestar mal o emplear tonos de voz duros u odiosos que nunca antes habían usado. Los padres pueden molestarse y gritarles o emplear tonos aún más duros con sus hijas, lo que suele terminar en sentimientos heridos y lágrimas. Muchas veces, los altibajos emocionales empeoran cuando una chica está por iniciar su período por primera vez. Esa no es una época divertida para nadie, pero todos deben esforzarse por superarla. Yo tengo casi 50 años de edad y mi madre tiene más de 70. Ella no ha olvidado qué mal me portaba justo antes de tener mi período por primera vez. ¡Debo haberme mostrado muy irritable para que mi madre lo tenga presente después de todos estos años! Lo que es aún más sorprendente, ¡es que yo no recuerdo eso en absoluto! Sólo tengo memoria de algunos altibajos. Madres, si sus padres están vivos, les convendría averiguar qué recuerdan sobre sus emociones durante la adolescencia.

ENDOMETRIO: Ver Revestimiento uterino.

ERECCIÓN: El pene está formado por un tejido especial que permite que fluyan por él mayores cantidades de sangre cuando el varón está excitado sexualmente. La sangre hace que el pene se agrande, se endurezca y se ponga erecto. El pene erecto es necesario para la eyaculación de esperma y a ese estado se lo denomina erección. Algunas de las historias de este libro se refieren al hecho de que las chicas pueden quedar embarazadas una vez que comienzan a menstruar. Para que una chica o una mujer quede embarazada, el esperma del pene erecto de un varón debe entrar en la vagina femenina y deslizarse hasta el óvulo de ella. Los chicos tienen erecciones desde el nacimiento y durante toda la vida. La edad promedio del comienzo de la pubertad en los muchachos es de los 11 a los 14 años. Durante la pubertad, el cuerpo del muchacho empieza a producir esperma, del mismo modo en que, en la pubertad, el cuerpo de una chica comienza a madurar óvulos. Una vez que se produce esperma, un muchacho puede embarazar a una chica.

ESPASMOS MENSTRUALES: Contracciones musculares en el útero, durante el flujo menstrual (período). También puede haber espasmos o dolor en la parte inferior de la espalda, durante los períodos. Algunas chicas no tienen ni espasmos ni dolor, otras tienen molestias sólo en ocasiones, y algunas tienen dolores casi cada vez que se presenta su período. Los espasmos menstruales pueden aliviarse con el uso de una bolsa de agua caliente, medicamentos de venta libre o té de hojas de frambuesa. Si los espasmos le impiden a una chica hacer su vida normal, es importante que ella vea al médico de la familia, a un ginecólogo o a un pediatra. Los médicos pueden prescribir analgésicos apropiados.

ESPERMA: Secreción que contiene las células reproductivas generadas por hombres que han superado la pubertad. El esperma se produce en los testículos masculinos. Los muchachos pueden producir esperma hacia los 14 años.

ESTRÓGENO: Hormona femenina producida en los ovarios. Cuando ingresa en la corriente sanguínea, el cuerpo de una chica empieza a convertirse en el de una mujer. El estrógeno también regula el ciclo menstrual.

EYACULACIÓN: Esperma y otros fluidos expulsados del pene erecto de un varón, mediante contracciones musculares. La eyaculación ocurre con mayor frecuencia cuando los varones se masturban o tienen relaciones sexuales. Los muchachos jóvenes, en ocasiones eyaculan durante el sueño, lo que se denomina "polución nocturna", que nadie sabe con exactitud por qué se produce.

FERTILIZACIÓN O FERTILIZAR: La fertilización se produce durante la relación sexual, si un espermatozoide del varón se conecta con un óvulo de la mujer. Este proceso también se llama concepción. La mujer queda embarazada y aproximadamente 9 meses después, nace un bebé. Las mujeres son fértiles durante la ovulación, que es normalmente 14 días antes del primer día del flujo menstrual.

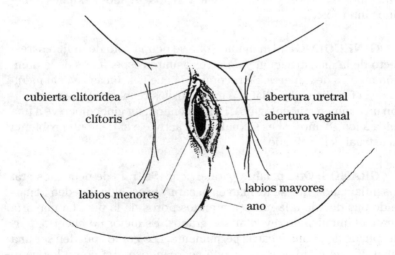

cubierta clitorídea
clítoris
abertura uretral
abertura vaginal
labios menores
labios mayores
ano

FLUJO MENSTRUAL: Así se denomina la sangre, el tejido corporal y fluidos, más un óvulo no fertilizado, que fluye del útero. La cantidad de sangre que fluye varía. Algunas mujeres casi no tienen pérdida de sangre así como otras tienen más. El flujo menstrual se denomina ligero, medio o intenso según la cantidad de flujo y los días que dura. La mayoría de las mujeres menstrúan de 4 a 5 días, y en ese tiempo pueden perder de 1 a 16 cucharadas de sangre. El flujo

189

menstrual se denomina también menstruación, período o sangre menstrual.

FOLÍCULO: Uno de los muchos pequeños sacos o glándulas localizados en cada ovario. Los folículos contienen el óvulo. (Ver dibujo en la página 75.)

GENITALES: Otro nombre para los órganos sexuales externos, pero también puede referirse a los órganos sexuales internos. Externos quiere decir que podemos ver esos órganos sexuales cuando miramos un cuerpo desnudo (por ejemplo, el clítoris o el pene). Son internos los órganos sexuales que están dentro de nuestro cuerpo y no se pueden ver a simple vista (por ejemplo, los ovarios o los testículos). El dibujo en la página 187 muestra los órganos sexuales femeninos externos, y el de la página 75, los órganos sexuales femeninos internos.

GINECÓLOGO: Un médico que se ocupa sólo de mujeres, respecto de la menstruación y de otros asuntos específicos de la atención médica de mujeres. Se recomienda que las chicas vean al médico de la familia o al pediatra para controles regulares (que no implican un examen ginecológico). Por lo general, un ginecólogo ve a una chica a los 18 años, si es sexualmente activa, o si tiene un problema menstrual determinado.

GRANOS: Otra palabra para el acné. Se trata de pequeños granos inflamados, que se forman en la cara y la espalda. Pueden llenarse de pus debido a la infección en los poros de la piel. La mayoría siente el impulso de reventar sus granos. Es mejor no hacerlo, porque puede dejar una cicatriz permanente. Los granos pueden ser una señal de que la adolescencia está acercándose. Así como los cambios hormonales causan el crecimiento de senos y de vello púbico, también incrementan la producción de las glándulas sebáceas de la piel, que originan granos. Los poros bloqueados se denominan espinillas o puntos negros. Las espinillas se producen cuando la grasa se expone al aire. Una espinilla no significa que uno tenga la cara sucia. Ver también Acné.

HEMORRAGIA: Una forma de referirse a la eliminación del revestimiento uterino. Es una de las maneras de nombrar el flujo o sangre menstrual.

HIMEN: La capa muy delgada de tejido, llamada "membrana", que cubre parcialmente la abertura de la vagina. Es difícil ver el himen, porque está dentro de la abertura vaginal. Puede romperse o desgarrarse con muchas actividades, como andar a caballo o en bicicleta, al hacer un esfuerzo o al tener relaciones sexuales por primera vez. Hace años, la gente pensaba que un signo de virginidad era tener un himen intacto que pudiera sangrar durante la primera relación sexual. Unas pocas historias hablan de madres que no querían que sus hijas usaran tampones, por temer a que se rasgara el himen. Hoy sabemos que cuando se rasga el himen, hay muy poca sangre y ningún dolor, y que la mayoría de las mujeres no sabe cuándo se rompe.

HINCHAZÓN: Algunas mujeres se sienten hinchadas, poco antes o durante sus períodos menstruales. Muchas sienten como si pesaran más y las ropas, de hecho, les quedan muy ajustadas. En ciertos casos, realmente suben un poco de peso. Ese aumento de peso suele ser sólo el agua que el cuerpo retiene en sus células. Después de unos días, el cuerpo deja de retener el agua y la elimina por la orina. El peso vuelve a la normalidad. Esa sensación de hinchazón puede ser incómoda, pero no significa necesariamente que haya algún problema.

HISTORIA CLÍNICA: Los ginecólogos y otros médicos suelen hacer preguntas sobre la salud en general. También es frecuente que pregunten cuándo se inició el último período menstrual. Es útil llevar un registro del inicio del período. Se puede marcar en el calendario el primer día del período y cuándo se espera el próximo, para tener preparados toallas o tampones.

HORMONAS: Sustancias químicas producidas en glándulas y llevadas por la corriente sanguínea a otras partes del cuerpo. Durante la adolescencia, algunas hormonas producidas en la glándula pituitaria del cerebro se desplazan por la corriente sanguínea y hacen que el cuerpo crezca y los órganos sexuales empiecen a madurar.

Es difícil entender el funcionamiento de las hormonas. Ellas inician la etapa del crecimiento adolescente, sin que nadie sepa con exactitud cuándo empieza. Es sólo después de que las hormonas han empezado a cambiar el cuerpo que sabemos que se ha iniciado la adolescencia.

Dos hormonas importantes para el desarrollo femenino son el estrógeno y la progesterona.

LABIOS MAYORES: Son los dos pliegues más grandes de piel, a ambos lados de la abertura vaginal. Forman parte de los órganos genitales externos de una mujer.

Durante la adolescencia media, cuando una chica tiene alrededor de 12 a 14 años, el vello púbico empieza a crecer en los labios mayores. El lado interno no tiene vello y es básicamente liso, con algunas protuberancias. Esas rugosidades son glándulas exudativas, cuyas secreciones ayudan a mantener esa área limpia, húmeda y libre de irritación.

Cuando nos secamos después de orinar, estamos secando entre los labios mayores y menores. Para insertar un tampón se deben separar ligeramente los labios mayores y menores de ambos lados para hallar la abertura de la vagina. (Ver dibujo en la página 189.)

LABIOS MENORES: Ubicados exactamente bajo los labios mayores. Tienen la misma función que los labios mayores. Estos dos pliegues internos de piel, más pequeños que los labios mayores, se encuentran a ambos lados de la abertura vaginal. Son parte de la vulva y parte de los genitales externos femeninos. Estos pliegues cubren y protegen la abertura al interior del cuerpo. No crece vello púbico en los labios menores. (Ver ilustración en la página 189.)

MADUREZ SEXUAL: Cuando una chica es capaz de reproducirse y tener hijos.

"MALDICIÓN": Se trata de un antiguo término peyorativo usado para describir la menstruación. Hace mucho tiempo, las mujeres pensaban que tener un período cada mes era una "maldición" por haber nacido hembras. Generaciones atrás, la gente no entendía cómo una mujer podía sangrar cada mes y no estar enferma, o cómo podía llevar un bebé dentro de sí y darlo a luz. Como no entendían la menstruación y el parto, había muchos tabúes (cosas que las mujeres no debían hacer). Por ejemplo, en algunas culturas, a las mujeres con la menstruación se les prohibía entrar en lugares de culto o en campos donde crecieran plantas, por temor de que pasara algo horrible, como que las plantas se secaran. Hoy conocemos qué es la menstruación y no tememos a las mujeres que están teniendo su período. Sabemos que la menstruación es una parte natural, saludable y normal de la condición femenina, y las plantas no se secan ni la mayonesa se corta por culpa de las mujeres que tienen su período.

MAXI TOALLAS: Estilo de toalla femenina que se usa en los días de flujo intenso. Las maxi toallas son gruesas para que puedan absorber el flujo menstrual más intenso. Muchas chicas las usan de noche mientras duermen, porque absorben más flujo por un tiempo más prolongado. Hay varias marcas diferentes de maxi toallas. Algunas de las historias de este libro cuentan experiencias divertidas relacionadas con el uso de toallas grandes las primeras veces.

MÉDICO HOMEÓPATA: Un médico que utiliza sustancias naturales que se encuentran en muchas plantas, más que en otros tipos de medicina, para tratar problemas específicos. Algunas mujeres consultan a médicos homeópatas, por sus espasmos menstruales.

MENARCA: El primer período o flujo menstrual de una chica se denomina menarca. Después del primer flujo menstrual, todos los otros se denominan, sencillamente, menstruación. Después de la menarca, se dice que una mujer ha empezado a menstruar. Algunas chicas reciben la llegada de su menarca tan temprano como a los 8 años o tan tarde como a los 15 años. La edad promedio entre las chicas estadounidenses es de 12 años.

Puede ser entretenido y al mismo tiempo educativo conversar sobre la edad que tenían las otras mujeres de la familia cuando empezaron a menstruar. Los estudios demuestran que si la madre o las hermanas de una chica empezaron temprano respecto de sus amigas, entonces es probable que la chica inicie su período antes de los 12 años. Esto es sólo una pauta, pero puede dar una idea de cuándo

193

esperar y cómo prepararse para la menarca. No tiene importancia cuándo se empieza: tú sigues siendo "normal".

MENOPAUSIA: Es el fin de la menstruación de una mujer, y el fin de su capacidad para tener hijos. Los cambios hormonales en las mujeres mayores inician la menopausia del mismo modo en que los cambios hormonales en las jóvenes inician la menstruación. La menopausia suele comenzar cuando las mujeres tienen alrededor de 50 años. Como sucede con la menstruación, algunas mujeres tienen la menopausia más temprano o más tarde. Cuando ya no ovulan, las mujeres no tienen un período mensual y no pueden quedar embarazadas. Algunas mujeres desean la menopausia porque han tenido sus hijos y ya no quieren menstruar. Otras no están preparadas para la menopausia y extrañan el período mensual. Lleva un número de años completar la menopausia. En algunos casos, las madres pueden estar pasando por la menopausia para la época en que sus hijas empiezan a menstruar. Esto significa que los cambios hormonales pueden ser causa de muchos altibajos emocionales tanto para la madre como para la hija.

MENSTRUACIÓN: El flujo de sangre natural y saludable del útero durante la vida de una mujer, de la pubertad a la menopausia. El fluido (sangre o flujo menstrual) está compuesto por tejidos del revestimiento del útero, mucosidad y sangre. El fluido puede ser de un color marrón oscuro a rojo. Generalmente no se coagula sino que fluye lentamente del útero. La menstruación mensual es producida por la reducción de una hormona, la progesterona, en la sangre. La reducción de la progesterona se produce cuando el óvulo no está fertilizado. El proceso mensual de flujo menstrual es el tiempo en que el útero se limpia.

Las chicas generalmente empiezan a menstruar por primera vez hacia los 12 años. La menstruación se produce en promedio cada 28 a 30 días. El ciclo puede variar de 18 a 40 días.

Una mujer no menstrúa cuando está embarazada. Puede no menstruar regularmente si está enferma, muy nerviosa, si no se ha alimentado correctamente o hace un vigoroso entrenamiento como atleta. Si una chica ha comenzado a menstruar y luego menstrúa de manera irregular o deja de menstruar por completo, conviene consultar a un médico.

194

MENSTRUO: Otro término para el flujo de sangre o menstrual del útero. Esa palabra no suele usarse en las conversaciones, pero aparece en libros de texto. Los libros relativos a la salud y los médicos suelen decir menstruo en lugar de flujo menstrual.

MIGRAÑA: Un dolor de cabeza muy intenso con agudos dolores alrededor de la frente. Puede presentarse durante o antes de la menstruación. A veces, la persona se siente descompuesta del estómago y vomita. La luz del sol, de las lámparas y el ruido pueden hacer más aguda la migraña. Las personas que sufren de migraña deben consultar a un médico para que las ayude con el dolor.

MINI TOALLAS: Toallas higiénicas que se usan los días de flujo ligero. Las mini toallas son delgadas y absorben menos fluido que las más grandes. Se dispone de muchas marcas en los supermercados y farmacias. Algunas chicas usan maxi toallas los días en que su flujo menstrual es intenso, y mini toallas cuando el flujo es más ligero. Muchas de las historias de este libro hablan de las diferencias en las toallas.

MONTE (llamado también monte púbico): Es un tejido graso que cubre los huesos púbicos. El vello púbico crece en el monte durante la pubertad. El monte también proporciona una cubierta protectora sobre los huesos púbicos.

MUCOSIDAD: Ver Descarga vaginal.

OLOR CORPORAL: Durante la adolescencia, las glándulas sudoríparas empiezan a producir sudor extra, también llamado transpiración. La transpiración empieza a tener un olor diferente, más "adulto". A veces, ese sudor puede oler más si queda atrapado en el vello axilar.

A diferencia de otros países del mundo, en Estados Unidos preocupa la posibilidad de tener un olor corporal que se advierta, y por cierto se hacen bromas al respecto. El baño y la ducha regular eliminan la transpiración, los gérmenes y la suciedad que tienden a causar el olor.

Otro olor corporal que preocupa es el de la vagina. Durante la adolescencia, las glándulas de la vagina también aumentan su producción. Eso puede tener su olor, pero no resulta ofensivo, a menos que haya infección. Hay muchos avisos comerciales que nos hacen pensar que el olor vaginal es malo. Ellos recomiendan que compremos productos para lavados vaginales, sprays o apósitos perfumados. Las chicas jóvenes no deberían usar esos productos comerciales porque pueden causar irritación o picazón en el área de la vulva.

ÓRGANOS SEXUALES: Ver dibujos de los órganos sexuales femeninos internos y externos en las páginas 75 y 189.

OVARIOS: Dos pequeñas glándulas o sacos de forma almendrada, una a cada lado del útero, que contienen los óvulos. Cada ovario está unido al útero mediante un ligamento que lo sostiene en correcta relación con los oviductos o trompas. Los ovarios también producen hormonas femeninas que ayudan al cuerpo de una chica a crecer y transformar el cuerpo hacia el de una mujer madura con senos, caderas y cintura. (Ver dibujo en la página 75.)

OVIDUCTOS (llamados también trompas de Falopio): Dos estructuras delgadas y delicadas, conectadas con la parte superior del útero, una a cada lado del útero. Un extremo de cada oviducto está conectado con el útero, mientras que el otro extremo está libre para moverse lentamente en una pequeña oscilación. Cada extremo libre pasa sobre un ovario, para recoger un óvulo cuando está maduro y sacarlo del ovario. Cuando el óvulo sale del ovario, eso se denomina ovulación. Cada vez que una mujer ovula, el óvulo se desplaza por el oviducto hasta el útero. (Ver dibujo en la página 75. Y ver también Ovulación.)

OVULACIÓN: Epoca del mes en que un óvulo es liberado de uno de los ovarios. El óvulo es tomado por uno de los dos oviductos y empieza su desplazamiento hacia el útero. Es durante ese tiempo que las mujeres son fértiles y pueden quedar embarazadas si el espermatozoide se conecta con el óvulo.

A la mayoría de las mujeres les resulta difícil saber con exactitud cuándo ovulan. Un modo de saberlo (aunque es después del hecho) es contar hacia atrás 14 días desde el primer día del período. Las mujeres casi siempre ovulan y, luego, exactamente 14 días después, empiezan a menstruar. La mayoría de los libros y folletos dicen que las mujeres ovulan hacia el día 14 de su ciclo menstrual. Esto se verifica si la mujer tiene un ciclo menstrual de 28 días: la ovulación se produciría el día 14, contando hacia atrás desde el 28. Pero son los 14 días últimos del ciclo los que predicen la ovulación y significan la menstruación, no los primeros 14 días.

¿Y si el ciclo de una mujer es mayor o menor de 28 días? Por ejemplo, si una mujer tiene normalmente un ciclo de 32 días, entonces aproximadamente a los 18 días de su ciclo sería su día de ovulación. Entonces comenzaría su período 14 días más tarde, el día 32. Además, si una mujer está enferma, ansiosa, triste, estresada, agotada, con una dieta o un programa de ejercicios extenuantes, la ovulación puede producirse más temprano o más tarde que lo normal. Se puede entender por qué predecir la ovulación y la menstruación ha sido difícil para la mayoría de las mujeres. Una mujer es fértil y puede quedar embarazada inmediatamente antes o durante 2 a 3 días después de la ovulación.

ÓVULO: Es una diminuta célula reproductiva guardada en los ovarios. Un óvulo es muy pequeño y sólo se lo puede ver con un microscopio. Todos los óvulos que tiene una mujer están presentes en los ovarios, desde su nacimiento. En la pubertad, el primer óvulo empieza a madurar. Luego madura un óvulo para cada ciclo menstrual hasta la menopausia. Hay aproximadamente 400.000 óvulos en cada ovario.

Habitualmente, sólo un óvulo es liberado cada mes en el oviducto. Este proceso se denomina ovulación. Durante la ovulación, si se liberan dos óvulos y los espermatozoides se conectan con ellos, pueden nacer gemelos. Esos serían gemelos fraternos (mellizos) y no serían más parecidos que otros hermanos y hermanas. Si en el oviducto hay un solo óvulo que se conecta con un espermatozoide y ese único óvulo fertilizado se divide, entonces pueden nacer gemelos idénticos. Los gemelos son los dos niñas o los dos niños y se parecen entre sí.

PAÑOS: Otra forma común de referirse a las toallas femeninas o apósitos.

PAREDES INTERIORES: Ver Revestimiento uterino.

PELVIS: Los huesos que rodean las caderas. Esos huesos forman como un cuenco. Los órganos sexuales internos femeninos están dentro de ese cuenco óseo.

PENE: El órgano sexual masculino usado tanto para orinar como (cuando está erecto) para liberar esperma. Durante el orgasmo, el pene libera esperma. Los orgasmos pueden presentarse durante la masturbación, por polución nocturna y en las relaciones sexuales. Los músculos del pene se contraen durante el orgasmo y descargan un líquido blanco lechoso por el extremo del mismo.

PERÍODO: Otra palabra para la menstruación. "Período" es el término más común empleado para referirse al tiempo (generalmente 5 a 7 días) en que una mujer tiene su flujo menstrual. Otras expresiones para la menstruación son "asunto de mujeres", "esa época del mes", "mi amigo Andrés está de visita", o "me llegaron visitas". Ver Flujo menstrual.

PÍLDORAS PARA EL CONTROL DE LA NATALIDAD: Píldoras que se toman oralmente (por la boca) todos los días para evitar el embarazo o para regular la menstruación y los calambres. Contrariamente a la creencia popular, la mujer tiene un período menstrual cuando toma píldoras para el control de la natalidad. Habitualmente, el flujo es liviano y sólo dura de 3 a 5 días. Las píldoras para el control de la natalidad también hacen que los períodos sean muy predecibles. Deben ser recomendadas y prescriptas por un médico y se usan sólo después de que la joven haya iniciado su período.

PUBERTAD: La época de la adolescencia, por lo general entre los 10 y los 17 años, en que los chicos de ambos sexos llegan a la madurez sexual. Ver también Adolescencia.

REPRODUCCIÓN SEXUAL: Proceso de quedar embarazada y dar a luz hijos. Para una mujer, la vida reproductiva es el tiempo que transcurre entre su primer período (menarca) y el último (menopausia). Una vez que una chica llega a la pubertad, muchas familias empiezan a considerarla de una manera diferente. Algunas familias la tratan como si fuera más adulta porque ahora puede quedar embarazada. Otras familias se sienten incómodas con los cambios corporales de la hija y con su capacidad para tener bebés. Poder reproducirse y concebir bebés es una parte normal del desarrollo físico. Padres e hijas deben poder conversar sobre las decisiones relativas a la actividad sexual que podría tener como resultado la reproducción.

REVESTIMIENTO UTERINO: También conocido como endometrio o paredes interiores, es la membrana mucosa que reviste la superficie interior del útero. El revestimiento crece cada mes, para nutrir a un óvulo fertilizado. Si el óvulo no está fertilizado, el revestimiento se despide como flujo menstrual. Cuando se fertiliza un óvulo, se implanta en el revestimiento y crece un bebé. (Ver dibujo en la página 75.)

SANGRE MENSTRUAL: El flujo menstrual está compuesto por sangre, tejido del revestimiento vaginal, el óvulo y otros fluidos corporales. Puede tener un aspecto rojo brillante, rojo oscuro o marrón. La sangre hace que el flujo menstrual se vea rojo; los otros elementos lo hacen más oscuro. Da la impresión de que hubiera más sangre de cuanto realmente hay en el flujo menstrual.

SÍNDROME DE SHOCK TÓXICO (SST): Una grave enfermedad que se cree que es causada por una infección bacteriana. Una posible causa de SST es que no se cambien los tampones con la frecuencia necesaria. Es raro que una chica tenga síndrome de shock tóxico, pero es una enfermedad grave que puede causar la muerte. En Estados Unidos, se informa cada año sobre unos 50 a 100 casos de SST. Alrededor de la mitad de los casos están relacionados con la menstruación, la otra mitad es el resultado de heridas y abrasiones no vaginales. Un caso tuvo su origen en una aguja de tatuaje, sucia.

Algunos de los síntomas del SST son fiebre alta (generalmente sobre los 39°), diarrea, vómitos y un sarpullido rojo como una quemadura de sol. El sarpullido suele encontrarse en el estómago, la espalda y el cuello, pero también puede aparecer en manos y pies. Después de un tiempo, el sarpullido empieza a despellejarse. Es más fácil ver la caída de la piel en las palmas de las manos y en los pies.

Si alguien tiene algunos de estos síntomas mientras usa un tampón, debe quitárselo de inmediato y pedir ayuda. Se debe instruir a las chicas para que soliciten ayuda. Si está en la escuela, debe decírselo a los profesores, a la gente de enfermería o a la profesora de

199

gimnasia. Si está en el hogar, debe comunicárselo a sus padres o a cualquier persona que pueda ayudarla. Si no hay nadie cerca, entonces hay que llamar al médico, decribir los síntomas y avisar que se está usando un tampón. Si bien la enfermedad es rara, puede resultar grave para una persona, muy rápidamente. Si no se la trata, esta enfermedad no desaparece, y es causa de muerte.

SÍNDROME PREMENSTRUAL (SP): Una o dos semanas antes del flujo menstrual mensual (período), algunas mujeres se sienten malhumoradas, lloran o se enojan más fácilmente que en otras épocas del mes. Algunas chicas y mujeres pueden experimentar también aumento de peso, dolor de cabeza y de espalda e hipersensibilidad dolorosa en los pechos, inmediatamente antes de su período. El SP también puede incluir deseos de alimentos salados o dulces. Una vez iniciado el período, desaparecen los síntomas del SP.

Algunas mujeres nunca tienen síntomas de SP, otras los tienen en ocasiones y otras presentan esos síntomas casi todos los meses. Si una mujer tiene SP o cree tenerlo, puede consultar al médico en busca de ayuda. Las sugerencias normalmente incluyen 1) hacer ejercicios regulares, 2) reducir o no comer ni beber alimentos con cafeína (bebidas colas, chocolate, etcétera) y 3) comer regularmente. Algunos médicos también pueden aconsejar el uso de vitaminas. Se recomienda ver a un médico, por problemas específicos. Sin embargo, siempre conviene seguir estas recomendaciones para tener un cuerpo saludable.

TAMPONES: Un rollo en forma de tubo de material absorbente del tipo del algodón con un cordón en un extremo. El tampón se inserta manualmente en la vagina para absorber el flujo menstrual antes de que salga por la abertura vaginal.

Los tampones vienen en tamaños mini, regular y súper para el flujo más ligero o más intenso. La mayoría de los sistemas de cañerías permiten evacuar los tampones, que se pueden tirar al inodoro. Sin embargo, pueden producir taponamiento en cañerías antiguas. Para mayor seguridad, envuelva los tampones con papel higiénico y arrójelos a un recipiente de residuos.

Las chicas tal vez se pregunten si el tampón puede perderse dentro de la vagina, o atascarse. La respuesta es que no. Los tampones entran en la vagina y no van más allá. Un tampón es demasiado grande para atravesar el cuello y llegar al interior del útero. Para retirarlo, sólo hay que tirar del cordón hacia afuera. En algunas historias de este libro se puede leer sobre chicas que pensaban que su tampón se había atascado. Son más difíciles de extraer cuando la vagina está seca, pero salen.

A mucha gente se le ha dicho que los tampones no son buenos para las chicas, y que ellas deben esperar hasta que estén casadas y hayan tenido un bebé para usarlos. Hoy sabemos que no hay ninguna razón médica para que una chica aguarde hasta que se case. Algunas religiones y culturas aconsejan a las mujeres que no los usen, porque los tampones pueden rasgar el himen. Esas creencias dictaminan si las mujeres usan o no tampones.

Hay mujeres que nunca usan tampones. En cambio, otras sólo usan tampones. Incluso, no faltan quienes emplean una combinación de toallas y tampones, según su flujo y la frecuencia con que pueden cambiarlos.

Algunos tampones tienen aplicadores de cartón o plástico que los hacen más fáciles de insertar en la vagina. Algunas chicas prefieren los tampones con aplicadores así como otras optan por los que no los tienen. En todo caso, los tampones se deben insertar en la vagina, empleando los dedos como guía.

Aquellas que tienen una actitud más ecológica, tal vez intenten los tampones sin aplicador, porque hay menos cartón o plástico para desechar. Si se decide a usar tampones, experimente con una variedad de marcas y tamaños. Los de algunas marcas son más cómodos que otros.

TEJIDOS: Grupo de capas delgadas de células conectadas entre sí. La piel, por ejemplo, está compuesta por tejidos. El revestimiento interior del útero es de tejidos, parte de los cuales salen con la menstruación.

TESTÍCULOS: Órganos sexuales en el escroto de un varón, que producen esperma. Los varones normalmente tienen dos testículos. Cada uno está sostenido fuera del cuerpo en el escroto. El escroto o bolsa pende un poco detrás del pene.

TOALLAS DIARIAS: Toallas muy delgadas que se colocan en la entrepierna de la bombacha y se adhieren a ella. Algunas mujeres las usan para absorber el flujo normal fuera del período. Otras, las colocan como protección para la impredecible llegada del período y evitar así mancharse y quedar expuestas en público.

TOALLAS HIGIÉNICAS: Delgados apósitos absorbentes que se colocan en la entrepierna de la bombacha y se aseguran ahí mediante una tira adhesiva, que evita su movimiento. Antes, las toallas eran mantenidas en su sitio mediante cinturones o alfileres. Algunas historias de este libro se refieren a ellas y a lo incómodas que resultaban. Hay muchas clases diferentes de toallas. En su mayoría son de material absorbente liviano. Vienen en distintos tamaños: maxi, a veces denominado súper (para los días de flujo intenso), regular y mini (para los días de flujo más ligero). También tienen formas diversas. Muchas chicas prueban varios tamaños y modelos para ver cuál les conviene más. Es conveniente no usar toallas perfumadas, porque pueden irritar la vulva.

TRANSPIRACIÓN: Esta es una palabra más formal que sudor. La transpiración empieza a tener olor a partir de la adolescencia. Es importante bañarse regularmente y reducir las probabilidades de tener olor corporal debido a la transpiración. En muchos países del mundo no importa el olor corporal; de hecho, a algunos pueblos del mundo les agrada el olor del cuerpo. Pero no es ese el caso de Estados Unidos. Los adolescentes cuentan bromas crueles e incluso se burlan de la gente que tiene olor corporal.

TROMPAS DE FALOPIO: Nombre común de pequeñas estructuras semejantes a tubos, a ambos lados del útero, donde normalmente se conectan esperma y óvulo, causando la fertilización del óvulo. Otro término aceptado es "oviductos". Ver Oviductos.

ÚTERO: El órgano sexual femenino interno, en forma de pera, que se expande cuando en su interior crece un bebé. El útero está situado en el medio del área abdominal inferior y está formado por tejido muscular. El útero es hueco y compacto cuando no hay un bebé creciendo en él. (Ver dibujo en la página 75.)

VAGINA: Órgano sexual interno de las mujeres. En la parte superior se conecta con el útero y su abertura inferior está en la vulva. La sangre menstrual fluye del útero a través de la vagina y sale por la vulva.

Piense en la vagina como una bolsita de tela hecha de suave terciopelo. Cuando no hay nada en la bolsa, está chata, pero cuando se coloca algo dentro, se expande o se vuelve más alta. Eso sucede con tu vagina. Se agranda cuando se coloca un tampón dentro. La vagina también se expande durante el parto, para que el niño que viene del útero atraviese la vagina y salga al mundo.

La vagina es muy importante para la salud general de una mujer, porque sirve como barrera para los gérmenes que podrían dañar a otros órganos femeninos. (Ver dibujo en la página 75.)

VELLO AXILAR: Vello en las axilas.

VELLO PÚBICO: Pelo que crece alrededor de los órganos sexuales de mujeres y hombres, durante la pubertad. El vello púbico suele ser más grueso y puede ser más rizado que el pelo de la cabeza. Algunas chicas se muestran contentas de tener vello púbico y les gusta observar su crecimiento. A otras no les importa mucho. Como quiera que sea, el vello púbico crece a su tiempo y a su manera.

VELLO SECUNDARIO: Vello que crece en las axilas, en las piernas y, en el caso de los muchachos, en la cara (barba). El vello secundario suele empezar a crecer uno o dos años después de la aparición del vello púbico. A pocas chicas les crece el vello debajo de los brazos antes que en el pubis. Eso no es lo habitual, pero no es anormal.

VIRGEN O VIRGINIDAD: Una persona que aún no ha tenido relaciones sexuales es virgen. El tiempo de la vida de una chica o un muchacho previo a su primera relación sexual se denomina virginidad.

VULVA: La parte de los órganos sexuales femeninos que están en la parte exterior del cuerpo (también llamados órganos genitales externos). La vulva está compuesta por labios mayores y menores, clítoris, aberturas urinaria y vaginal y ano. El único modo de ver la vulva es con el uso de un espejo. Sosténgalo entre las piernas y separe los pliegues de los labios mayores (exteriores). Los dibujos de vulvas se ven diferentes de las reales. Ninguna vulva es exactamente como el dibujo. (Ver dibujo en la página 189.)

Desarrollo del vello púbico Escala de clasificación de la madurez sexual	
	ETAPA 1 (CMS 1): Las preadolescentes no tienen vello púbico en la vulva.
	ETAPA 2 (CMS 2): Vello escaso, ligeramente pigmentado y suave, habitualmente liso o sólo algo rizado. Crece a los lados de los labios mayores.
	ETAPA 3 (CMS 3): El vello se vuelve más oscuro, más grueso, más rizado, empieza a crecer sobre el pubis.
	ETAPA 4 (CMS 4): Parece similar al vello púbico adulto, ya que se vuelve más oscuro, más grueso y crece en forma triangular, pero no cubre tanto el monte púbico como en el adulto.
	ETAPA 5 (CMS 5): Mayor cantidad, cubre el pubis y ha llegado al crecimiento adulto. (Ver Clasificación de madurez sexual del vello púbico.)

Índice general

Agradecimientos 5

Introducción 9

Sección 1. Empezar a prepararla 15
 1 Si su hija tiene ocho años, tiene edad suficiente
    para que comiencen las charlas 17
 2 ¿Recuerda la llegada de su primer período? 29
 3 La cultura moldea la experiencia de la menstruación 43
 4 ¿Cómo se sienten las chicas que ya tienen
    sus períodos? 53

Sección 2. Repaso de asuntos básicos 65
 5 Es hora de contarle a su hija cómo está
    cambiando su cuerpo 67
 6 Lo que su hija debería saber sobre toallas
    y tampones 87
 7 Cuesta hacer frente a los cambios de humor,
    los calambres y los SP 107

Sección 3. Cara a cara 125
 8 A veces es difícil hablar sobre algunas cosas,
    ¡pero usted puede! 127
 9 Converse con los hombres de la familia sobre
    la menstruación 141
 10 La menarca es una oportunidad para celebrar 165

Pensamientos finales 175

Glosario para las jóvenes y sus padres 179

OTRAS GUÍAS PARA PADRES

CLAVES PARA PADRES CON HIJOS ADOLESCENTES

DON H. FONTENELLE

CLAVES PARA CONVERTIRSE EN UN BUEN PADRE

DR. WILLIAM SEARS

CLAVES PARA QUE LOS HIJOS SUPEREN EL DIVORCIO DE SUS PADRES

ROSEMARY WELLS

CLAVES PARA ESPERAR Y CUIDAR TU BEBÉ

DR. WILLIAM SEARS

CLAVES PARA DISCIPLINAR
A LOS HIJOS

ESTEBAN NELSON SIERRA

CLAVES PARA CRIAR
UN HIJO ADOPTADO

KATHY LANCASTER

CLAVES PARA NIÑOS CON
PROBLEMAS PARA DORMIR

SUSAN E. GOTTLIEB

CLAVES PARA DEJAR
LOS PAÑALES

MEG ZWEIBACK

CLAVES PARA UNA SALUDABLE SEXUALIDAD DE TUS HIJOS

CHRYSTAL DE FREITAS

CLAVES PARA HABLARLE DE DIOS A TU HIJO

RICK OSBORNE

CLAVES PARA FORTALECER A NIÑOS SENSIBLES

JANET POLAND • JUDI GRAIG

CLAVES PARA PADRES CON HIJOS MUY DEMANDANTES

JANET POLAND • JUDI GRAIG

CLAVES PARA DESARROLLAR LA AUTOESTIMA DE SUS HIJOS

CARL PICKHARDT, Ph.D.